Klausenburg

lieben lernen

Der perfekte Reiseführer für einen unvergesslichen Aufenthalt in Klausenburg inkl. Insider-Tipps und Packliste

Christina Blumhoff

✈ INHALT

Warum Klausenburg?

Natürlich gibt es in unserem Land immer noch schöne Städte, die mit Cluj-Napoca (alle in Siebenbürgen) konkurrieren. Unsere Stadt hat jedoch diesen Namen erhalten, der ihn in vollem Umfang ehrt und verdient. Es gibt viele Gründe, warum unsere geliebte Stadt immer noch unter diesem Namen bekannt ist. Die Schatzstadt Cluj (Klausenburg) ist eine Stadt mit 5 Sternen. Der Luxus passt sehr gut zum Traditionalismus. So können wir in Cluj eine Menge traditioneller rumänischer Elemente haben, aber auch einen exorbitanten Luxus, und alle diese Elemente sind in einem perfekten Rahmen angeordnet, so dass sie für jeden äußerst angenehm sind. Die Schatzstadt ist ein wichtiges künstlerisches Kulturzentrum unseres Landes. In Cluj werden Kultur und Kunst zu ihrem wahren Wert bewertet. Hier ist ein weiterer Grund, warum die Stadt der Schätze eine Stadt der Künstler ist. Mehrere Studien internationaler Soziologen haben ergeben, dass die Stadt der Schätze die einladende Stadt Europas ist. In anderen Studien, die auch von internationalen Spezialisten durchgeführt wurden, stellte sich heraus, dass man in der Stadt der Schätze die sauberste Luft Europas atmet.

Dies ist möglich, weil wir die größte Grünfläche pro Kopf haben. Aber was wissen wir über Bewohner die Bewohner der Stadt? Über die Menschen der Schatzstadt kann ich sagen, dass sie es sind, die mich erobert haben. Eines muss ich zugeben: die genannten Merkmale sind allgemein und können von jedem Menschen gefunden werden, unabhängig davon, wo er geboren wurde oder ist. Aber das sind Eigenschaften, denen ich bei vielen Einwohnern dieser Stadt begegnet bin.Von alten und neuen Märkten über

Straßen und Boulevards, Museen, Parks und Gebäude bis hin zu speziell für die Freizeit konzipierten Bereichen wartet Cluj darauf, dass Sie seine Schätze entdecken! Und wirklich, ich weiß nicht, ob in dieser Stadt irgendetwas von der Weltküche fehlt. Selbst wenn es fehlen würde, würden Sie es nicht verpassen, da viele Varianten verfügbar sind. Und zu guter Letzt die gruseligen Spuk-Plätze sowie der berühmte Baciu-Wald, in dem Sie die Chance haben, von Außerirdischen entführt zu werden.

Sind Sie schon neugierig geworden? Lesen Sie weiter und Sie werden zu einer der faszinierendsten Reisen Ihres Lebens antreten!

Geschichte, Geschichte…

D ie Geschichte von Klausenburg beginnt mit der römischen Eroberung von Dacia, als der Ort Napoca hieß. Im Laufe ihrer langen Existenz hat sich die Stadt zum kulturellen und religiösen Zentrum der historischen Provinz Siebenbürgen entwickelt. Derzeit ist Klausenburg das "Herz" der gleichnamigen Grafschaft und gleichzeitig die Hauptstadt von Siebenbürgen. Die älteste menschliche Siedlung in der Region Cluj stammt aus der Jungsteinzeit und wurde in Gura Baciului in der Nähe von Suceag, im Tal eines Nebenflusses von Nadaş und in der Nähe des Hügels Hoia, entdeckt. Die Siedlung stammt aus den Jahren 6.000-5.500 v. Chr. und gilt als die älteste in Siebenbürgen entdeckte menschliche Siedlung.

Aber die wahre Geschichte von Klausenburg beginnt in der Römerzeit. Nach der Eroberung von Dacia und seiner Umwandlung in eine Provinz legte der römische Kaiser Traian den Grundstein für eine Siedlung von Kolonisten. Die Siedlung "Napoca" wurde am rechten Ufer von Someşului Mic im heutigen Zentrum von Klausenburg in der Nähe der Brücke über Someş gegründet. Die erste urkundliche Erwähnung stammt aus den Jahren 107 oder 108 und befindet sich an einer lateinischen Kilometergrenze, die in der Stadt Aiton an der mit Turda verbundenen Römerstraße entdeckt wurde.

Die römische Kolonialisierung umfasste das gesamte Gebiet des Kreises Klausenburg, was durch zahlreiche Spuren belegt wird. Nach dem Rückzug der römischen Verwaltung südlich der Donau war die Region weiterhin bewohnt und die verbliebene Bevölkerung überlebte die Zeit der barbarischen Migration aus Ost- und Südeuropa. Zu dieser Zeit wurde der Grundstein für die erste staatliche Organisation gelegt. Die Woiwodschaft Gelu mit den Städten Dăbâca und Gilău als Verteidigungspunkte wurde in Anonymus' 'Chronik anlässlich des Kampfes mit den ungarischen Stämmen in Pannonien' erwähnt.

Die Woiwodschaft Gelu widerstand nicht dem Druck der Ungaren, die in der Ebene von Pannonien niedergelassen waren. Sie wurde von ihnen erobert und in Siebenbürgen, einem Teil des ungarischen Königreichs, zusammen mit Teilen von West-Siebenbürgen eingeschlossen. Das Gebiet wurde administrativ umstrukturiert und im Jahre 1173 erschien es in den Urkunden der Zeit als Cluj County („Thomas comes Clusiensis") erstmals. Im Jahre 1213 wurde Klausenburg zusammen mit den umliegenden Hügeln als königliche Festung Castrum Klausenburg (Castrenses de Clus) erwähnt.

Das Leben von Cluj war 1241 durch die Invasion der Tataren gekennzeichnet, die die Festung eroberten und einige der Einwohner töteten und andere als Sklaven nahmen. Obwohl die Festung 50 Jahre später, im Jahre 1291, schwer beschädigt wurde, wurde sie in Dokumenten erwähnt. Um die Mitte des 13.

Jahrhunderts existierte Cluj nur als ländlicher Ort mit einer Festung ohne militärische Bedeutung.

Beginnend mit der Regierungszeit von König Stephan V. von Ungarn (1272) nahm die Einwohnerzahl zu, da sich große Gruppen sächsischer Kolonisten in der Stadt Klausenburg niederließen. Bis zum 15. Jahrhundert erhielt die königliche Festung (Castrum Clus) eine städtische Organisation und der Status einer königlichen Festung wurde durch den einer freien Festung ersetzt.

Mit einem am 19. August 1316 herausgegebenen Gesetz räumte Carol Robert de Anjou Klausenburg eine Reihe von Privilegien und Freiheiten ein. Das Dekret wollte auch die Macht des Königs stärken, zum Nachteil der feudalen Adligen und Geistlichen. Die Gemeinde erhielt den Stadttitel (civitas) und einige Selbstverwaltungsrechte auf rechtlicher und kirchlicher Ebene, darunter das Recht der Stadt, den Priester und den Pfarrer frei zu wählen. Zu diesem Anlass begann der Bau der Kirche St. Michael.

Nach einer Reihe von Dokumenten aus den Jahren 1336-1365 wurde Klausenburg von der Oberhoheit des Fürsten von Siebenbürgen befreit, wobei die Stadt unmittelbar dem König unterstellt war, nachdem der römisch-deutsche Kaiser Sigismund von Luxemburg 1405 gleichzeitig König von Ungarn wurde, um Klausenburg das Stadtrecht zu gewähren.

Ende des 17. Jahrhunderts wurde Klausenburg Teil der Habsburger Monarchie, die unter österreichische Herrschaft geriet.

Ab 1715 begann die habsburgische Armee mit dem Bau der Vauban-Festung in Cetatea, der ersten solchen Festung in Siebenbürgen. Von 1790 bis 1848 und dann von 1861 bis 1867 war Cluj die Hauptstadt des Großfürstentums Siebenbürgen innerhalb des österreichischen Reiches und Sitz der siebenbürgischen Landtage.

1776 gründete die österreichische Kaiserin Maria Theresia in Klausenburg eine deutsche Universität, die Joseph II. von Habsburg in eine "Piaristenuniversität" umwandelte und in welcher er Latein lehrte. 1798 wurde die Stadt durch einen Brand weitgehend zerstört.

1867 wurden Klausenburg und Siebenbürgen wieder in das Königreich Ungarn integriert. In dieser Zeit wurde die Stadt nach Budapest die zweitgrößte im Königreich und war Sitz des Kreises Klausenburg.

1872 wurde die Universität Klausenburg gegründet, die auf Ungarisch unterrichtete und 1881
nach dem Namen des österreichischen Kaisers Franz
Josef in Franz-Josef-Universität umbenannt wurde.
Gleichzeitig wurde das Zentralgebäude, der derzei-
tige Hauptsitz der Babeş-Bolyai-Universität, errichtet.

Zu Beginn des 20. Jahrhunderts wurden die
meisten Gebäude im Zentrum gebaut oder umgebaut. In dieser Zeit wurden die Unitarian High
School, die Rumänische Oper, der Justizpalast, das
Rathaus, der Finanzpalast usw. errichtet. Die wirt-
schaftliche Dynamik von Klausenburg zeigt sich da-
rin, dass 1910 in der Stadt 10 Banken sowie über
2000 Werkstätten und Unternehmen tätig waren.

Zu Beginn des zweiten Jahrzehnts des 20. Jahrhunderts machte sich auch die siebte Kunst bemerk-
bar. Die ersten Zeichen des Siebenbürgischen Kinos
traten 1913 auf, als der Regisseur Jeno Janovics
seine Zusammenarbeit mit dem Pariser Filmhaus
Pathé aufnahm und in die Stadt mehrere Filme ein-
strömten, darunter Murgul Spit und From the hor-
rors of the world.

Nach dem Ende des Ersten Weltkriegs wurde

Siebenbürgen Teil des Königreichs Rumänien, wobei Klausenburg die gleichnamige Kreisstadt war. 1940 geriet Klausenburg durch die Wiener Diktatur bis Oktober 1944 wieder unter ungarische Herrschaft. Durch den Pariser Vertrag von 1947 kehrte Klausenburg an die Grenzen Rumäniens zurück und war bis Dezember 1989 unter kommunistischer Herrschaft.

Die Menschen in Klausenburg

L ang gelobtes Klausenburg... Die Schatzstadt, die Stadt im Herzen von Siebenbürgen – symbolische Namen für Cluj-Napoca. Es wurde über die Stadt geredet und geredet. Aber was wissen wir über seine Bewohner? Über die Menschen der Schatzstadt kann ich sagen, dass sie es sind, die mich erobert haben. Eines muss ich zugeben: Die genannten Merkmale sind allgemein und können bei jedem Menschen gefunden werden, unabhängig davon, wo er geboren wurde oder ist. Aber das sind Eigenschaften, denen ich bei vielen Einwohnern dieser Stadt begegnet bin.

Wenn Sie durch die Straßen von Klausenburg gehen, werden Sie viele Menschen treffen. Multikulturelle Stadt, ja, wie wir wissen. Aber wie konnte man Klausenburg in den großen Völkern von Cluj finden? Schwer zu beantworten, aber sie existieren und leben unter den anderen. Wir könnten die älteren am meisten vermuten. Trotzdem besteht die Möglichkeit, dass viele von ihnen nicht hier geboren wurden, sondern seit ihrer Jugend hier leben. Wie auch immer, diese "Get-Beget-Klausenburg" sind schwer zu identifizieren.

Außerdem haben viele der Menschen in der Schatzstadt, obwohl sie nicht hier geboren wurden, lange Zeit in Klausenburg gelebt. Ob es nun am Geist der Stadt liegt, an den Einwohnern oder einfach daran, dass sie von Geburt an charakteristisch sind, die Menschen in der Schatzstadt haben einige Gemeinsamkeiten.

EIN PAAR AUFFÄLLIGE MERKMALE

Der erste Einfluss auf eine Stadt ist durch Menschen. Durch die Interaktion mit ihnen erhalten Sie ein Bild des Ortes. Wenn Sie aus einem Gebiet kommen, das sich stark von dem unterscheidet, in dem Sie gelaufen sind, ist jeder Unterschied sehr leicht zu erkennen. Unabhängig davon, ob sie hier geboren wurden oder im Laufe der Zeit Einwohner der Stadt wurden, gibt es einige ansteckende Merkmale.

Siebenbürger Weizen
Klausenburger Akzent bei der ersten Interaktion können Sie nicht mögen. Dann, langsam, langsam, verbringst du ein bisschen mehr Zeit und merkst, was über das Sprechen hinausgeht. Ich habe oft warme, einladende Seelen von natürlicher, selbstloser Güte gefunden.

Wie man die Wörter ausspricht
Klausenburg-Leute sprechen selten, weil sie gerne verstanden werden. Aber sie haben das Vergnügen, die Geschichte leicht zu erzählen. Ich kann auch sagen, dass die Klausenburg-Leute fast jedes Mal "Geschichten" erzählen, wenn Sie mit ihnen ins

Gespräch kommen. Die Zeit scheint reif zu sein, wenn Sie mit einem Klausenburger sprechen. Er spricht zu Ihnen, als ob Sie ihn ein Leben lang kennen.

Die Menschen lieben ihre Stadt und verstecken sie nicht.

Es besteht die Möglichkeit, dass Sie, wenn Sie einen Einwohner dieser Stadt hören, der "Klausenburg" ausspricht, feststellen, ob er aus Klausenburg stammt oder nicht. Wie? Einfach. Wenn ich das Wort Klausenburg sage, sage ich es mit Liebe, von der Seele. Ich sage es mit einem Augenzwinkern und tiefem Engagement. Klausenburg-Leute lieben ihre Stadt wie einen lieben Menschen, als etwas Greifbares.

Der Rhythmus des Lebens

Es mag paradox erscheinen, aber die Klausenburg-Leute haben es eilig. Egal wie groß die Krise auch sein mag, sie behalten sich immer noch Zeit für einen tiefen Blick auf einen Ort, von dem sie nicht viel gesehen haben, um einem Klausenburg so schnell ein warmes Lächeln zu schenken, wie sie es tun. Das gute Wort ändern. Im Allgemeinen haben viele von Klausenburg eine eigene Gabe, um ein wenig Zeit für das zu haben, was zählt!

Einfache Leute

Die Leute von Klausenburg sind einfache Leute. So einfach, dass Sie sich unwohl fühlen, wenn Sie kompliziert sind. Weiß ist Weiß, Schwarz ist Schwarz. Es gibt kein Substrat. Ich sage, was sie denken, wie sie denken. Aber seien Sie vorsichtig, um den anderen nicht in irgendeiner Weise zu verärgern.

Ein vertrauenswürdiger Freund

Wenn Sie eine enge Freundschaft mit einem Klausenburg haben, haben Sie Glück. Es besteht die große Chance, dass Sie in jeder Situation, egal wie schwierig es auch sein mag, mit einem offenen Herzen unterstützt werden. Natürlich nach seinen Möglichkeiten.

Wir entdecken die Menschen der Stadt der Schätze

Mit anderen Worten, den Menschen in Cluj geht es gut und sie sind gut. Die Interaktion mit Menschen aus verschiedenen Bereichen ist interessant. Es fängt Sie ein, fasziniert Sie mit den Unterschieden, die Sie sehen können. Und wenn Sie ein positiver Mensch sind, der nur das Gute um sich herum aufnimmt, dann können Sie bestimmte Werte erwerben. Werte, die Sie entdeckt und gemocht haben. In Cluj lernte ich, jedem Moment meines Lebens mehr Zeit zu widmen und ihn in vollen Zügen zu genießen.

In Klausenburg zu sehen...

Von alten und neuen Märkten, Straßen und Boulevards, Museen, Parks und Gebäuden bis hin zu speziell für die Freizeit konzipierten Bereichen wartet Cluj darauf, dass Sie seine Schätze entdecken!

STRAßE IM SPIEGEL IN KLAUSENBURG

Die Straße im Spiegel von Cluj mit dem offiziellen Namen Iuliu-Maniu-Straße ist ein einzigartiges Ziel in Siebenbürgen und ein Wahrzeichen der Stadt Cluj-Napoca.

Das westliche Ende der Straße, das vom Unirii-Platz, beeindruckt durch die beiden Gebäude, die fast vollständig symmetrisch sind. Daher der Name, der auf den Spiegeleffekt der Gebäude zurückzuführen ist. Sie befinden sich zwischen dem Bánffy-Palast und dem Wolphard-Kakas-Haus und verleihen der Straße, die den Union Square verlässt, Einzigartigkeit und Harmonie.

NIEMALS AN DER STRAßENECKE

Hier sind Sie nie an der Straßenecke, denn die Gebäude folgen einer abgerundeten Struktur. Und die mit Haaren verzierten Türme betonen die Rundheit der Ecken. Auf diese Weise treibt Sie die Straße an, sie zu entdecken, sich zu trauen, ihre Gebäude zu erkunden...

Und nicht nur die beiden Zwillingsgebäude sind

architektonische Schätze. Wenn Sie die Straße entlang gehen, werden Sie andere bemerken.

DIE STRAßE, DIE DIE STADT WIDERSPIEGELT

Ein Schritt in die Vergangenheit, Ende des 19. Jahrhunderts - Anfang des 20. Jahrhunderts - erfüllt die Straße ihre Gäste mit eleganten Gewerbeflächen - im Erdgeschoss, in Anwaltskanzleien oder raffinierten Wohnungen - auf dem Boden der Gebäude. Mit der Zeit ist die Straße dazu gekommen, sich nicht nur selbst zu reflektieren. Die Straße spiegelt den Multikulturalismus von Cluj wider und ist eine Brücke zwischen der St.-Michael-Kirche und der orthodoxen Kathedrale in Cluj, zwischen dem Unirii-Platz und dem Avram-Iancu-Platz.

UBB BOTANISCHES MUSEUM

Das Botanische Museum der UBB befindet sich im Botanischen Garten Alexandru Borza in Cluj und verfügt über ein Herbarium mit 655.000 Blättern aus aller Welt von großem wissenschaftlichen Wert, das

Studenten und Forschern im In- und Ausland jederzeit zur Verfügung steht.

Das Material im Botanischen Museum UBB, das entweder trocken (durch Pressen, dreidimensional oder in Form von Schimmelpilzen) oder nass (in verschiedenen Konservierungsflüssigkeiten) konserviert wird, erfolgt nach systematischen, ökologischen und ökonomischen Kriterien.

Die Präsentation der Pflanzenwelt im Museum wird durch die Rotationen und Gemälde vervollständigt, die phytosoziologische Aspekte und den Naturschutz darstellen: Zoneneinteilung und Speicherung der rumänischen Vegetation, der wichtigsten botanischen Reservate des Landes und der Pflanzen, die in Rumänien Schutz bieten, endemische und geschützte Pflanzen. Es werden auch Gemälde gezeigt, die phytogeographische Aspekte mit Vegetationsformationen aus dem Globus darstellen, wie mediterrane xerophile Büsche, Gemälde mit europäischen, asiatischen oder amerikanischen Nadelbäumen.

STRAND VON GRIGORESCU

Der Strand von Grigorescu verdeutlicht den Wunsch der Cluj-Gemeinde, sich Someş, dem "Rückgrat" der Stadt Cluj-Napoca, zu nähern. Seitdem es mit Sand ausgelegt wurde und auch die Grünflächen in unmittelbarer Nähe gepflegt wurden, ist der Strand zu einer der unkonventionellsten urbanen Szenen geworden.

Es war schade, dass Wasser durch die Innenstadt floss und keinen entspannenden Raum genoss.

MUSIK UND WASSERFLÜSTERN

Es ist nicht wie der Berg, aber das Rauschen des Wassers, das seit Hunderten von Jahren durch die Stadt fließt, ist irgendwie beruhigend. Musik, Lächeln und angenehme Gespräche zwischen Menschen treffen sich hier am Strand von Grigorescu. Sie war Gastgeberin vieler Veranstaltungen: Jazz im Park, Siebenbürgen, Someş Delivery oder Cluj Days. Die Konzerte klingen gut, begleitet von Someş. Filmvorführungen werden lebendiger. Weitere entspannende Festivals.

Der Strand von Grigorescu ist mehr als ein

Strand zum Entspannen in der Sonne. Es ist ein Gemeinschaftsraum und eine unkonventionelle urbane Szene.

SEE CHIOS

Der Chios-See befindet sich im Central Park "Simion Barnutiu" oder dem Great Park, wie er auch genannt wird - eine wahre Oase der Entspannung für Cluj sowie eines der touristischen Ziele, die normalerweise auf der Liste derjenigen stehen, die Cluj besuchen.

Die Geschichte des Parks erstreckt sich über einen Zeitraum von mehr als 185 Jahren, beginnend mit 2010, auf der vom rumänischen Ministerium für Kultur und nationales Erbe ausgearbeiteten Liste der historischen Denkmäler im Kreis Cluj.

Der Chios-See wurde 1865 von der Park Association gegründet, die dann die Pflege des Parks übernahm. Sie organisierte die Gassen, grub den See und baute den Musikpavillon. 1871 mietete der Eislaufverband den See und errichtete 1877 einen Holzpavillon auf der Mittelinsel.

Heutzutage, wenn sich das Wetter verbessert, ist der See ideal für Bootsfahrten, die Cluj und

Touristen zur Verfügung gestellt werden, die sich ein paar Momente der Entspannung wünschen.

DER MÜHLENKANAL

Der Mühlenkanal erstreckt sich über eine Gesamtlänge von 7,2 Kilometern und repräsentiert derzeit ein Gebiet mit einem enormen touristischen und Freizeitpotenzial in Cluj-Napoca.

Die Andrei Şaguna Straße ist unserer Meinung nach eine der schönsten Straßen in Cluj. Es ist eine Art Versprechen für das, was der gesamte Mori-Kanal werden könnte. Als Fußgängerzone angelegt, wirkt die Straße unkonventionell und verleiht Cluj ein anderes Bild oder zumindest zu diesem Zeitpunkt die Vision eines zukünftigen Bildes, weil es paradoxerweise immer noch Probleme mit dem Channel-Management und der Hygiene gibt.

KURZE GESCHICHTE

Der Mühlenkanal wurde im 16. Jahrhundert geschaffen, um Sauberkeit und Hygiene in der Stadt zu gewährleisten. Aufgrund der gelegentlichen Anwesenheit der ausländischen Fürsten, Herrscher oder Ausländern in Cluj waren die Bürger und die Stadtführer motiviert, zur Entwicklung der Stadt und ihrer Umwandlung in einen geeigneten Gastgeber für die diplomatische, politische oder militärische Elite des Fürstentums beizutragen und sie zu fördern.

So wurde in einem Stadtrat am 16. April 1558 beschlossen, aus Gründen der Sauberkeit und Hygiene das Wasser der Kleinen Somes in die unmittelbare Nähe der Stadt zu bringen. Die in den Boden gegrabene Albia soll dann auf einem alten Arm der Little Somes hergestellt worden sein. Hier drüben, während der alten römischen Stadt, würde Napoca noch fließendes Wasser haben. In der Mitte des 16. Jahrhunderts floss nur der Überschuss an Niederschlag auf diesen Arm. Beamte waren sehr effektiv. Zunächst erhielten sie von der Königin Isabella die Stadtbefreiung von der Steuerzahlung für ein ganzes Jahr. Und am 25. Juni beschloss der Rat, in dem Bestreben, den Kanal für die Adduktion so schnell wie möglich zu machen, dass jeder Zehnte (die aus zehn Häusern bestehende Unterabteilung der Stadt) zum Graben geschickt wird.

Heutzutage befindet sich der Mühlenkanal in einer Phase als potenzielles touristisches Ziel, als potenzielles Erholungsgebiet.

MEHRZWECKRAUM KLAUSENBURG

Der Mehrzweckraum Klausenburg ist das modernste und geräumigste Gebäude in Cluj für die Organisation von Veranstaltungen. Der multifunktionale Raum wurde auf 5 Ebenen (Keller, Erdgeschoss und drei Etagen) entwickelt und ist für die unterschiedlichsten Aktivitäten gedacht.

Der Keller dient der Tiefgarage. Es ist in 3 Abteile unterteilt, die Kapazität beträgt 445 Stellplätze. Der Zugang zum Gebäude aller Kategorien von Veranstaltungsteilnehmern erfolgt im Erdgeschoss. Ebenfalls im Erdgeschoss befindet sich der Gewerbe- und Restaurantbereich. Die 1. Etage ist ganz der Öffentlichkeit gewidmet und bietet großzügige Räume für Schränke, Bars und Toiletten. Die zweite Etage ist sowohl für die breite Öffentlichkeit als auch für VIP-Gäste reserviert. Letztere verfügt über einen separaten Zugangsbereich, der von Lodges, Bars, Konferenzräumen und anderen Einrichtungen bedient wird. Die dritte Etage ist die Zugangsebene im Medienraum (Fernsehauto, Reporter, Kommentatoren). Mit einer Kapazität von bis zu 10.000 Plätzen können in der Halle die unterschiedlichsten Veranstaltungen ausgetragen werden, von Kontaktsportarten (Judo, Boxen, Kampfsportarten usw.) über Gymnastik, Hockey, Tennis und andere Mannschaftssportarten (Basketball, Handball, Volleyball usw.) bis hin zu kulturellen Veranstaltungen, Firmenveranstaltungen, Konferenzen oder Konzerten.

Der Mehrzweckraum Cluj-Napoca ist derzeit der am besten ausgestattete Multifunktionsraum in Rumänien. Der Videowürfel ist landesweit einzigartig mit vier großen Bildschirmen. Sie können auch bei Ereignissen Full-HD-Bilder übertragen. Gleichzeitig verfügt die Halle über das landesweit effizienteste Heizsystem mit Solar- und Photovoltaikmodulen, mit denen die Sicherheitsbeleuchtung des Gebäudes versorgt werden kann. Das Gebäude ist außerdem mit einem Regenwassersammelsystem ausgestattet, das dann in den Sanitärgruppen wiederverwendet wird.

CLUJ-NAPOCA ROSEN PARK

Der Rosen Park ist eine der "jüngsten" Grünflächen in Klausenburg. Es ist eine Fortsetzung des Universitätssportparks Iuliu Hațieganu, der 2010 modernisiert und eingeweiht wurde. Der Park wird von einem Rad- und einem Rollweg durchquert. Einer der Gründe, warum der Park von Cluj geliebt wird, ist die Vielfalt, die er bietet, und dass er für alle Altersgruppen geeignet ist. So verfügt der Park über einen Kinderspielplatz und Sportbegeisterte können fünf Fitnessgeräte nutzen.

Im Herbst 2012 wurde im Pink Park eine Fläche von rund tausend Quadratmetern in einen Skatepark verwandelt. Der Raum ist für Rollschuhfahrer und Motorcross-Motorräder (BMX) vorgesehen, die die Organisation von großen Wettbewerben ermöglichen.

In letzter Zeit ist das Gebiet durch die Terrassierung einiger Uferabschnitte des Someșului Mic noch attraktiver geworden. So entstand zwischen der Garibaldi-Brücke und dem Rosenpark eine

Promenadenwand sowie ein Radwanderweg.

NATIONALER ETHNSCHER PARK ROMULUS VUIA

Neben dem Pavillon, der im Reduta-Palast in Memorandum 21 untergebracht ist, umfasst das Ethnographische Museum von Siebenbürgen auch einen Außenbereich. Dies ist der Romulus Vuia National Ethnographic Park, der am 1. Juni 1929 als erstes Freilichtmuseum Rumäniens gegründet wurde.

Mit einer anfänglichen Fläche von 75 Hektar wurde der Park von dem Ethnographen Romulus Vuia so angelegt, dass auch die ursprünglichen ländlichen Haushalte, die von Bauern bewohnt wurden, einbezogen wurden.

Unter den interessanten Museen des Ethnografischen Parks können wir die Holzkirche im Dorf Chirales-Bistrita-Nasaud, die handwerklichen Komplexe aus Preuteasa und Harnicesti, den Ofen zum Verbrennen des Kalks aus Baba, die Schmiede aus Rimetea und Varzari, mehrere Ölkuchen sowie jeden der anwesenden Haushalte nennen, da jeder mit seinem Charme und seinen Eigenschaften aufwartet.

Der ethnografische Park "Romulus Vuia" ist eine Oase der Ruhe in einer sich entwickelnden Stadt, in einem Jahrhundert der Geschwindigkeit und des Fortschritts. Hier ist die Zeit mehr "Molcom" und geduldiger. Hier brechen Sie vom Alltag aus und tauchen ein in die Welt der Wildblumen, der Holzhäuser mit Schmalz und der Walnüsse und Äpfel...

DAS NATIONALE MUSEUM FÜR GESCHICHTE VON SIEBENBÜRGEN

Das nationale Museum für Geschichte Siebenbürgens verfügt über ein wertvolles historisches und archäologisches Erbe mit über 400.000 Kulturgütern, die die Geschichte und Zivilisation Siebenbürgens von der Vorgeschichte bis zur Gegenwart widerspiegeln. Es befindet sich auf dem Museumsplatz in Cluj-Napoca, in der Constantin Daicoviciu Str., No. 2. Das Museum ist eine der renommiertesten Einrichtungen für wissenschaftliche Forschung und eine angesehene archäologische Schule mit relevanten Standorten auf nationaler und europäischer Ebene. Auf regionaler Ebene werden archäologische Untersuchungen von Museumsexperten in den Daker

CHRISTINA BLUMHOFF

Festungen im Orăştiei-Gebirge, in der Ulpia Traiana Sarmizegetusa sowie in den Daker-Siedlungen in den Ostkarpaten durchgeführt. Auf Kreisebene wird an den römischen Festungen in Căşei, Bologa und Gherla sowie in den prähistorischen Kurorten Iclod, Ţaga oder Pălatca geforscht.

Gegenwärtig organisiert das nationale Museum für Geschichte von Siebenbürgen Wechselausstellungen, die der Öffentlichkeit die besonderen Werte der siebenbürgischen Zivilisation präsentieren. Gleichzeitig ist die geschichtliche Sammlung des Museums (Apothekenmuseum) dem Museum untergeordnet, das sich heute in dem Gebäude befindet, in dem die älteste Apotheke in Cluj arbeitete. "Sfântul Gheorghe" ist seit 1573 dokumentiert! Das Gebäude, in dem sich heute die Pharmacy History Collection befindet, befindet sich am Unirii Square, No. 28 (Ecke mit König-Ferdinand-Straße). Das Apothekenmuseum begann mit der Sammlung siebenbürgischer Arzneimittel von Prof. Iuliu Orient (1869 - 1940). Die Sammlung wurde 1904 im Ardelean Museum ausgestellt und dann dem Museum gespendet und mit weiteren wertvollen Spenden angereichert.

Der Baciu Wald

Ein sagenumwobener Wald, weniger als fünf Kilometer vom Zentrum von Cluj-Napoca entfernt, fasziniert Touristen, die sowohl spazieren gehen als auch abenteuerlustig sind. Veröffentlichungen in den Vereinigten Staaten und im Vereinigten Königreich haben ihn als den beängstigendsten Wald der Welt bezeichnet. Er erstreckt sich über nicht weniger als 300 Hektar und wurde 1968 zu einem Touristenziel, als die Einheimischen begannen, über paranormale Phänomene zu berichten.

Es ist anscheinend ein einfacher Wald mit Eichen, aber die Mythen und Legenden, die um diesen Wald gewoben sind, ziehen jedes Jahr Tausende und Abertausende von Touristen an.

Der Wald ist berühmt geworden durch Erwähnungen von Formen, die in diesem Wald erschienen wären, Formen, die UFOs ähneln, oder bestimmte unregelmäßige Formen von Licht oder Bäumen, die unnatürlich erschienen.

Der Wald wurde vor mehr als 60 Jahren von einem grünen Erholungsgebiet in einen geheimnisvollen Ort verwandelt. Ein Pionier in der Erforschung paranormaler Phänomene im Eichenwald war der Biologe Alexandru Sift. In den 1950er Jahren studierte er jede Ecke des Waldes.

„Der Ort wird nach 1968 berühmt. Man sagt, dass ein Besucher im Juli vier humanoide Figuren bemerkte, die 250-300 Meter vom Waldrand entfernt waren, aber was den Ort wirklich besonders macht, ist ein Foto aus August 1968, als es so aussieht, als würde das UFO im Laufe der Zeit auf dem Foto erscheinen. Die jahrzehntealten Legenden haben sich in ein Drehbuch verwandelt, das die Neugier der Touristen geweckt hat", sagt der Historiker

Cristian Manolachi.

"Dieser Mythos ähnelt dem Mythos von Dracula und zieht Tausende von Besuchern an, die entschlossen sind, die Sensationalität dieses Waldes zu entdecken", fügt der Historiker Cristian Manolachi hinzu.

DER WEG ZUM WALD BACIU

Öffentliche Verkehrsmittel zum Hoia-Wald in Cluj-Napoca

Du fragst dich, wie du nach Hoia Forest in Cluj-Napoca, Rumänien kommst? Moovit hilft Ihnen bei der Suche nach der besten Route zum Hoia-Wald mit schrittweisen Anweisungen von der nächsten Haltestelle der öffentlichen Verkehrsmittel.

Moovit bietet kostenlose Karten und Live-Wegbeschreibungen für die Navigation in der Stadt. Sie können Fahrpläne und Routen abrufen, um herauszufinden, wie lange es dauern wird, bis Hoia Forest in Echtzeit zu erreichen.

Sie erreichen den Hoia-Wald mit dem Bus oder der Seilbahn. Dies sind die Linien und Routen, die Stationen in der Nähe haben:

Bus: 31, M31

Möchten Sie eine andere Route sehen, die Sie früher zu Ihrem Ziel führt? Moovit hilft Ihnen dabei, alternative Routen oder Zeiten zu finden. Über die Moovit-Anwendung oder die Website können Sie ganz einfach Wegbeschreibungen von und nach Hoia Forest abrufen. Wir erleichtern das Reisen in den Hoia-Wald. Deshalb vertrauen über 680 Millionen Benutzer, einschließlich der Benutzer in Cluj-Napoca, auf Moovit als die beste Anwendung für öffentliche Verkehrsmittel. Sie müssen keine einzelnen Bus- oder Bahnanwendungen herunterladen, da Moovit die All-in-One-Anwendung für öffentliche Verkehrsmittel ist, mit der Sie die schnellste Route zu Ihrem Ziel finden.

https://moovitapp.com/index/ro/transport_public-P%C4%83durea_Hoia-Cluj_Napoca-site_37127400-3220

Spuk-Plätze in Cluj

Was sind die Spuk-Plätze in Cluj? Wie an anderen Orten in Siebenbürgen mangelt es auch in Cluj nicht an merkwürdigen Geschichten und urbanen Legenden. Jeder hat seine Geschichte, eine beängstigender als die andere, und viele Menschen behaupten, mit ihren Augen Geister und überspnatürliche Phänomene in der Stadt gesehen zu haben. Welche historischen Legenden oder Fakten stecken dahinter?

DAS MUSEUM FÜR HÖHLENKUNDE CLUJ

Das Gebäude des Geologischen Museums in Cluj war nicht immer ein Museum, wie es bis zur Schließung vor einigen Jahren war. Im Mittelalter diente es als Gefängnis. Vielleicht würde dies ausreichen, um einen düsteren Eindruck über dieses Gebäude zu erwecken, aber die Dinge hören hier nicht auf: Es wird gemunkelt, dass Gefängnisinsassen diese Orte heimsuchen würden. Legenden zufolge hätten archäologische Ausgrabungen vor einigen Jahren im Innenhof des Gebäudes den ewigen Schlaf der Gefangenen gestört. Sie machten sich deshalb auf den Weg, um das Gebäude zu verfolgen, und sind noch heute, manchmal nachts, im Gebäude zu sehen.

Natürlich ist diese ganze Geschichte nur... eine Geschichte. Bei archäologischen Ausgrabungen wurden keine menschlichen Überreste gefunden und Historiker behaupten, Geschichten über die Ruinen seien typisch für alte Gefängnisse. Immer mehr Menschen behaupten jedoch, die Geister der Gefangenen mit ihren Augen gesehen zu haben. Es wird immer noch behauptet, dass ihre Stille durch die Ausgrabungen gestört wurde und dass sie immer noch das

Gebäude heimsuchen. Dies ist nur einer der vielen frequentierten Orte in Cluj.

Zentrale Universitätsbibliothek

Ja, ja, das haben Sie richtig gelesen! Die Zentrale Universitätsbibliothek selbst würde laut einigen Leuten heimgesucht. Der Legende nach hatte Anna Wesselényi, die Tochter einer berühmten siebenbürgischen Gräfin, in Cluj studiert und an einer unheilbaren Krankheit gelitten. So starb sie im Alter von nur 20 Jahren. Nach ihrem Tod begann der Geist der jungen Gräfin, die Flure der Bibliothek auf der Suche nach ihrer verlorenen Jugend zu durchstreifen. Ein alter Bibliothekar in der Bibliothek sagte, dass die Türen in der Nacht oft laut zugeknallt wurden, was vom Geist der jungen Gräfin getan wurde. Dies kann noch heute die Farben der Bibliothek verfolgen.

Hajongard Friedhof

Ein Reiseziel, das besonders von den neugierigen (und darüber hinausgehenden) Halloween-, Zentral- oder Hajongard-Friedhöfen geschätzt wird, steckt voller Legenden, die finster sind. Und das aus gutem Grund - der Friedhof ist einer der ältesten in Cluj und beherbergt die Gräber berühmter Persönlichkeiten.

Daher besuchen ihn viele Leute, besonders nachts, um seine dunklen Geheimnisse zu entdecken. Auch die Geister der Persönlichkeiten hier dürfen getraut werden, so wie sie gesagt werden.

Das Haus von Henker

Das Haus von Henker, das nach seiner Verwendung als Wohnsitz derjenigen, die diesen Beruf ausübten, benannt wurde, existiert heute nicht mehr, aber die Legenden um das Haus herum sind erhalten. Es wird gesagt, dass der Ort von Unglück verfolgt wird, das von den Geistern derer, die zu Unrecht als Rache hingerichtet wurden, gebracht wird. Infolgedessen erlitt das alte Haus einen Brand und die Überreste wurden abgerissen. Einfache Zufälle oder die Hand rachsüchtiger Geister?

Banffy Schloss

In Bonţida, zwei Schritte von Cluj entfernt, befindet sich das berühmte Schloss Banffy. Neben der historischen Bedeutung seiner kulturellen Nutzung ist das Schloss nicht nur als einer der vielen frequentierten Orte in Cluj bekannt, sondern auch als einer der meist frequentierten im ganzen Land. Es war der Wohnsitz der Adelsfamilie Banffy, und sein unheimlicher Ruf ist mit dieser Familie verbunden.

Der Legende nach wurde eine edle Dame im Banffy-Haus von einem Jungen im Stall überrascht, als hätte sie ihren Ehemann betrogen. Weil der Junge das Geheimnis nicht verheimlichte, rächte sich der Edelmann, indem er befahl, ihn zu töten. Die Seele des Jungen fand jedoch keine Ruhe und soll heute die Umgebung des Schlosses heimsuchen. Und heutzutage behaupten Einheimische oder Touristen, auf der Burg ungeklärte Phänomene zu beobachten. Ist es wirklich der unruhige Geist des Stalljungen?

Die Umgebung der Cluj Napoca

Das erste Ziel ist von einem anderen Planeten, aber keine Sorge, es ist ungefähr eine halbe Stunde von Cluj-Napoca entfernt. Dies ist Salina Turda, wo die Kulisse aus SF-Filmen stammt und die Möglichkeiten, Freizeit zu verbringen, endlos sind. Für die erstaunlichste Aussicht gibt es einen Panoramaaufzug und für die Erkundung jeder Einrichtung benötigen Sie Energie, Aufmerksamkeit und Geduld. Hier finden Sie mehrere Minen und Räume, die jeweils eine beeindruckende Besonderheit aufweisen, eine Echohalle, eine von einem See umgebene Insel mit Bootsverleih, Sportplätze, ein Rad wie in Vergnügungsparks sowie Lichter und andere Einrichtungen, die Sie brauchen, um dorthin zu gelangen.

Salina wird zwischen 9-17 Uhr besucht und der Eintritt kostet **2 Euro** für Kinder/Studenten und **4 Euro** für Erwachsene. Sie können entweder mit öffentlichen Verkehrsmitteln von Cluj-Napoca zum Zentrum von Turzii fahren, und wenn Sie ein persönliches Auto bevorzugen, zahlen Sie für das Parken in der Nähe des Salzbergwerks eine Gebühr von **4 Euro**/Tag. in der Nähe von Cluj Napoca besucht werden muss.

Wir gehen nicht zu weit, aber von ausgefallenen Verzierungen bis zu 80 Metern unter der Erde erreichen wir das Herz der Natur an der Gorges Gorge. Das von der UNESCO geschützte Naturschutzgebiet eignet sich sowohl für Erholungssuchende als auch für Abenteuerlustige. Sie können die Spitze der Schluchten erreichen, indem Sie eine Strecke von ca. 4 km entlang von Brücken zurücklegen, Höhlen erkunden, das steile

Relief der Gegend zu Fuß oder auf Bergpfaden testen und die erfahrenen Kletterer üben, wenn sie über die Ausrüstung verfügen eignen.Von Turda aus können Sie auch das Dorf Cheia in etwa zwei Stunden zu Fuß erreichen. Es gibt jedoch Minibusse, die sowohl unter der Woche als auch am Wochenende nach einem gut eingeführten Programm verkehren.

BLAUE LAGUNE

Nicht der Cocktail, nicht der Film, nicht das beliebteste Spa Islands, sondern ein 30 km von Cluj-Napoca entfernter See im Dorf Aghireşu. Bis Sie das klarblaue Wasser erreichen, können Sie sicher sein, dass der See tatsächlich der Spiegel des Himmels ist. Es ist nicht arrangiert, aber es muss nicht sein, weil es die Luft einer wilden Schönheit hat. Sein Charme trägt auch dazu bei, dass er hauptsächlich von Einheimischen besucht wird, eine Art bestgehütetes Geheimnis von Aghireşu. Weitere Details wurden hier geschrieben, einschließlich einiger Anweisungen, wie man die Blaue Lagune von Cluj findet, weil wir uns von solcher Schönheit nicht entziehen konnten.

Das Banffy-Schloss mit dem Spitznamen und das Versailles von Siebenbürgen ist ein historisches Denkmal in der Gemeinde Bonțida. Es ist zweifellos ein Land der Geschichte, das durch die Architektur, aber auch durch den See oder die Grünflächen im Innenhof die Atmosphäre der Antike lebendig erhält. Es gab kein Schloss in Siebenbürgen, auf dem es keine Legende gab, und es heißt, es würde in manchen Nächten vom Geist eines Jungen aus dem Stall heimgesucht. In der Gegend von Banffy ist jedoch seit vier Jahren Electric Castle zu Gast und ich habe noch niemanden sich erschrecken gehört, sodass Sie ruhig einen Besuch abstatten können. Von Cluj-Napoca fahren die Busse unter der Woche alle 20 Minuten.

Ein weiterer Zufluchtsort in der Natur, der bei Ihrer Ankunft in Cluj überprüft werden muss, ist der Tarnița-See. Er erstreckt sich über 8 Kilometer und ist ein Stausee im Apuseni-Gebirge. Wenn Sie sich entscheiden, einen Besuch abzustatten, können Sie für ein paar Stunden die Aussicht genießen oder eine Hütte für eine Nacht mieten, während Sie den Damm an Bord eines Bootes erkunden. Der See ist perfekt für diejenigen, die gerne angeln, aber auch jeder Naturliebhaber wird ihn toll finden. Bis zum See führt eine Zufahrtsstraße und Sie können sich sowohl für ein Auto als auch für ein Fahrrad entscheiden. Die Entfernung nach Cluj-Napoca beträgt ungefähr 20 Kilometer.

Sie müssen nicht nach Constanţa fahren, um das Donaudelta zu sehen, denn wir haben auch hier in Cluj das Delta von Siebenbürgen, die zweitgrößte Reed-Erweiterung in Rumänien. Der Name ist bezeichnend, nämlich der Steward aus Sic, der sich am Rande des gleichnamigen Dorfes befindet. In diesem Reservat geht es hauptsächlich um Entspannung, denn die einzige Aktivität, die Sie ausüben können, ist ein Spaziergang durch das Riff auf einer Holzbrücke zwischen zwei Gehsteigen. Also Sie, das Personal und der Rest der Welt.

Wir kehren in die Apuseni-Berge zurück, um ein letztes Traumziel zu erreichen, diesmal viel weiter von Cluj-Napoca entfernt. Die 70 Kilometer bis zum Vălul Miresei-Wasserfall im Dorf Răchiţele werden sofort vergessen, wenn Sie den 20 Meter hohen Wasserfall erreichen. Umrahmt von einem Felsmassiv soll es sich aus den Tränen der

Hochzeiten gebildet haben, nachdem der Schleier ihrer Braut in diesem Bereich blockiert worden war. Falls Sie sich nicht so leicht von den Geschichten beeindrucken lassen, wie sie aus dem Märchen stammen, eignet sich der Ort neben der spektakulären Kulisse auch zum Bergsteigen, Wandern oder für Geländefahrten.

Um den Wasserfall zu erreichen, muss man von Cluj-Napoca der Straße nach Huedin folgen, es gibt jedoch keine öffentlichen Verkehrsmittel, da diese relativ isoliert von den Hauptstraßen sind.

APUSENI NATIONALPARK

Der Apuseni-Nationalpark gilt aufgrund von Faktoren wie Landschaft, Pflanzen- und Tierarten und der gegenwärtigen geologischen Strukturen als Schutzgebiet von nationalem Interesse. Es umfasst den Radius von drei Landkreisen, Cluj, Bihor und Alba. Innerhalb des Parks gibt es viele Bereiche, die für Ökotouristen von Interesse sind. Der Hauptbereich ist die Padis-Zone, die sich auf dem Treffen der drei Bezirke befindet. Unter den Tieren, die im Apuseni-Nationalpark leben, sind einige vom

Aussterben bedrohte Arten, wie Braunbär oder Glas.

DRĂGAN-DAMM

Der 1987 erbaute Drăgan-Damm ist aufgrund des felsigen Geländes, auf dem er gebaut wurde, einer der spektakulärsten des Landes. Er hat eine Länge von 424 m und eine Höhe von 120 m. Der Damm ist am Fluss Drăgan gebaut und liegt in der Nähe des Dorfes Vală Drăganului. Der Aufstieg des Staudamms hat zur Entstehung eines Stausees geführt, in dem sich Fische wie Forellen ansammeln, die zur Schönheit des Ortes beitragen. Die Landschaft in der Umgebung ist unglaublich und einen Besuch wert, obwohl Sie vorsichtig sein müssen, es ist nicht erlaubt, mit dem Auto auf dem Damm anzuhalten, um Fotos zu machen. Sie können auch die Ruinen der Bologa-Festung in der Nähe des Drăganului-Tals besuchen.

BELIȘ – FÂNTÂNELE

Das Resort und der Stausee befinden sich in der Nähe des Dorfes Belis, aber auf dem Territorium des Dorfes Râșca. Der Stausee wurde nach dem Bau des Dammes zwischen 1970 und 1974 gebildet.

Der See überschwemmte das Territorium einiger Dörfer in der Gemeinde und zwang die Dorfbewohner, weiter bergauf zu ziehen, da sie sich innerhalb des Friedhofs bewegen mussten. Im See befindet sich das Gebäude der ehemaligen Kirche im Dorf Giurcuța de Jos, das ein Zeugnis des ehemaligen Dorfes geblieben ist und das an heißen Sommertagen sichtbar ist, wenn der Wasserstand stark abfällt.

Neben der atemberaubenden Aussicht können Sie in Belis-Fântânele im Sommer touristische Aktivitäten wie Angeln oder Schwimmen ausüben. Die Angebote für Unterkünfte in Beliș sehen Sie auf der Website Belis.ro.

DAS TANZMUSEUM IN SIC

Ein in Rumänien verliebter Niederländer behält die alten Traditionen von Sic im Kreis Cluj bei. Inspiriert von den traditionellen Tänzen in der Gegend, fotografiert von Korniss Peter, kaufte der Niederländer Michael van Langeveld ein jahrhundertealtes Haus und verwandelte es in ein Tanzmuseum. Wer wissen möchte, wie so ein Ort aussieht, muss wissen, dass über 460 Paar Stiefel, aber auch Musikinstrumente und andere Gegenstände ausgestellt sind.

SEQUOIA BAUM

Wenn Sie ein Auto haben, sollten Sie einen 80 Kilometer entfernten Spaziergang von Cluj-Napoca nicht verpassen. Aus welchem Grund? Hier ist einer der uralten Bäume des Apuseni-Gebirges (normalerweise in Kalifornien anzutreffen) mit einer Höhe von über 40 Metern. Der Baum beherrscht das Land seit einem Jahrhundert und befindet sich auf dem Hügel des Herrn am Fuße des Vladeasa-Massivs zwischen den Dörfern Sacuieu und Rogojel.

BAISOARA RESORT

Das Baisoara Resort am Fuße des Großen Berges in Apuseni ist die perfekte Kombination aus Ruhe, fantastischer Landschaft, Skifahren und Bergwandern. Eine der Routen, die in 6 Stunden zurückgelegt werden kann, beginnt im Baisoara-Resort und folgt dem Crencii-Kreuz – dem Schutzgebiet der rumänischen Berge – Scarita-Belioara – V. Belioara – Lunca Larga – Cheile Runcului – Runc – Ocolis.

IN KLAUSENBURG ZU TUN

Sie sind nicht in einer bestimmten Reihenfolge, sie sind nicht in einer bestimmten Kategorie. Einige sind ernst, andere klein und nicht ernst, aber das bringt uns dazu, zu lächeln und unsere Stadt noch mehr zu schätzen. Einige von uns haben bereits einige von uns gemacht, andere nicht - und umgekehrt.

1. Mit dem Boot auf Someş (für Fortgeschrittene) / Mit den Booten auf Chios (für Anfänger)
Someş hat in letzter Zeit große Veränderungen durchlaufen, und viele davon sind auf Someş Delivery zurückzuführen. Im Sommer jedes Jahres

konnten wir bei Someş Delivery auf Someş Boote sehen – Boote und Fahrräder oder sogar Kanus. Wenn Sie die lang ersehnte Fahrt auf Someş verpasst haben, halten Sie nach Gelegenheiten Ausschau! Auch wenn Sie als Tourist oder Student in Cluj ankommen, gibt es eine Bootsfahrt auf dem Chios-See. Und wenn Sie aus Cluj sind, haben Sie keine Entschuldigung.

2. Bronze am Strand von Grigorescu

Wir bleiben in der Gegend von Someş. Am Ufer von Grigorescu wurde lange Zeit ein Strand angelegt. Wir geben uns nach dieser Sommeraktivität keinen Wind, den Zustand in der Sonne, aber die Idee überrascht uns und bleibt zu testen (vielleicht mit einer Karte im Gepäckträger).

3. Setzen Sie ein Vorhängeschloss auf die Elisabeta-Brücke

Die Schleusen auf der Elisabeta-Brücke erregten im Herbst-Winter unsere Aufmerksamkeit. Wir überprüften sie (sowohl richtig als auch im übertragenen Sinne) und sagten uns, dass wir vorsichtig sein und unsere Liebe zu Cluj bekräftigen müssen.

4. Bewundern wir die Stadt vom Turm der Michaeliskirche aus

Der Turm wird für die Öffentlichkeit zugänglich, normalerweise anlässlich der ungarischen Kulturtage. Wir müssen nur auf der Bühne stehen und ihn "angreifen", wenn wir die Gelegenheit dazu haben.

5. Fliegen Sie mit dem Ballon über Cluj

Wenn Sie eine Kindheit mit Jules Vernes Romanen und "Fünf Wochen im Ballon" in Ihren Armen hatten, wäre es sicherlich ein erfüllter Traum! ☺ Ja, wir haben diese Gelegenheit für eine Weile in Cluj und mindestens einmal in unserem Leben müssen wir die Stadt im Herzen von Siebenbürgen vom Heißluftballon aus von oben sehen. Hört sich gut an? Weitere Informationen finden Sie hier.

6. Nachttour im Hoia Baciu Wald

Durch den Hoia-Baciu-Wald kamen wir zur Schande einiger von uns ziemlich spät an. Genauer gesagt am Ende der Studienjahre. Es war eine schöne Erfahrung, zusammen mit dem Hoia-Baciu-Projektteam. Aber die Erfahrung im berühmten Wald ist nicht vollständig, es sei denn, Sie verbringen eine Nacht in der Stille der Dunkelheit. Der Wald selbst liegt uns sowieso am Herzen, mit oder ohne paranormale

Erlebnisse, also reservieren wir gleich eine Nacht dort.

7. Spaziergang durch den Ethnografischen Park

Es muss in einem langsamen, molekularen, siebenbürgischen Tempo besucht werden, mit einem Stopp an jedem Tor und jeder Hütte, mit ruhigen Momenten auf der Veranda. Und wenn Sie es noch nicht getan haben, empfehlen wir Ihnen, sich zu beeilen, da sich der Ethnographische Park in der nächsten Zeit erheblich verändern wird.

8. Räume und unkonventionelle künstlerische Projekte erkunden

Die Bürstenfabrik wurde gegründet und seitdem wurden andere alte Industriegebäude in Cluj umgebaut und zu echten Kunst- und Kulturzentren. Wenn Sie bereits in der Fabrik angekommen sind, ist das neue Center of Interest, ein ehemaliges Industriegebäude im Bereich des Bahnhofs, zu dem wir noch nicht gekommen sind, einen Besuch wert. In Cluj gibt es auch ein Anti-Coffeeshop - wenn Sie noch nicht gegangen sind, und als unabhängige künstlerische Projekte mindestens einen Besuch der Shows oder Projekte von REACTOR, Create.Act., Enjoy, Urania Palace, The Full Circle. Ein Check-in und ein kurzer

Besuch in White Cuib, unabhängig von der Veranstaltung. Und in jüngerer Zeit erschien FabHub im Railway Park – ebenfalls eine Initiative der Brush Factory.

10. Street Art und Micro Macro Cosmos Man

In Cluj haben wir derzeit die größte Wandmalerei des Landes. Es gibt andere in der Stadt, aber der Micro Macro Cosmos Man ist konkurrenzlos, besonders, wenn spezielle Vorführungen stattfinden.

11. Setzen Sie sich und hören Sie Straßenkünstlern zu

Wir hören die Musik von Straßenkünstlern, die oft durch die Stadt rasen. Zumindest einmal müssen wir uns auf eine Bank der Helden setzen, auf einen Bürgersteig in der Bolyai Janos Straße oder auf eine Terrasse auf dem Museumsplatz, um ihnen zuzuhören.

12. Verhandlungen über OSER

Sie können sich nicht als Cluj, Adoptivsohn oder langjähriger Besucher der Stadt bezeichnen, wenn Sie den Flohmarkt von Cluj nicht erreichen. Was Sie über OSER herausfinden können, erfahren Sie in diesem Artikel. Sie müssen jedoch mindestens 3-4 aufeinanderfolgende Besuche einplanen. Sie lernen die

Kunst des Verhandelns!

13. Kaufen Sie Blumen von der alten Frau auf dem Memo

Das Memorandum ist eine der belebtesten Straßen in Cluj, daher beeilen wir uns oft, um Platz zu schaffen und denken, dass wir das nächste Mal anhalten, um Blumen von der freundlichen alten Dame zu bekommen, die sie hier verkauft. Einige Dinge sind jetzt besser zu tun als später.

14. Das Innere der Franziskanerkirche

Die Kirche ist manchmal im Gesamtbild des Museumsplatzes verloren, aber diejenigen, die es wagen, hineinzutreten, haben, wie wir gehört haben, eine angenehme Überraschung. Natürlich würden Sie viele andere religiöse Gebäude in Cluj betreten, besonders, wenn Sie dies noch nicht getan hätten, aber wir denken, dass die Franziskanerkirche eine der zugänglichsten, aber "ausgelassenen" ist.

15. Nehmen Sie an Jam-Sessions und Sofar-Sounds teil

Musiker aus Cluj sind talentiert und es ist eine Freude, sie bei Jam-Sessions in verschiedenen Pubs zu sehen. Ein innovatives Projekt, das auch Cluj erreicht hat, ist Sofar Sounds, eine Initiative, die darauf abzielt, Menschen und Musik in intimen, persönlichen Umgebungen (wie Wohnungen, Innenhöfe und Innengärten, persönliche Räume) zusammenzubringen. Die Plätze sind jedoch begrenzt, um die intime Atmosphäre aufrechtzuerhalten. Diejenigen, die sich für die gewünschte Veranstaltung und die letzten Einladungen anmelden möchten, werden zufällig ausgewählt. Es ist schwer, zu einem Sofar Sounds-Event zu kommen, aber wir wissen, dass es sich lohnt, es wiederholt zu versuchen.

16. Gehen Sie ruhig durch den Zentralfriedhof

Der bekannte Hajongard-Friedhof wurde zum historischen Denkmal erklärt. Das älteste Grab stammt aus dem Jahr 1599. Abgesehen von der traurigen Bedeutung des Ortes ist der Zentralfriedhof ein malerischer Ort.

17. Kohl in Klausenburg

Der Kohl in Cluj ist wie jene berühmten Bücher oder Filme, von denen Sie so viel wissen, dass Sie den Eindruck haben, sie bereits gefüttert zu haben. Einige, die nicht zu Kohl-Fans erklärt wurden, haben den traditionellen Kohl aus Cluj auch heute noch nicht getestet. Einmal im Leben überprüft zu werden, und wenn alles gut geht, können wir es vielleicht lernen und kochen.

18. Klausenburg aus Feleac bewundern

Der Feleacului-Hügel ist leicht mit dem Auto zu erreichen und der klassische Beobachtungspunkt auf der Straße, die zum astronomischen Observatorium führt, bietet sowohl tagsüber als auch nachts eine beeindruckende Aussicht auf Klausenburg. Wir haben eine Liste von 7 Orten zusammengestellt, von denen aus Sie das Panorama von Klausenburg sehen können.

19. Fahren Sie mit Ihrem Fahrrad von einem Ende der Stadt zum anderen

Auf kurzen Abschnitten oder auf bestimmten Straßen, auf denen die Fahrradwege durchgehend sind, habe ich es gewagt. Wir haben die Stadt jedoch noch nicht mit dem Fahrrad von einem Ende zum anderen passiert. Es ist zu versuchen und wer weiß, sich als Lebensstil zu verabschieden.

20. Spiele alle Fluchtspiele in Klausenburg

Wir haben es versucht (siehe unsere ersten 59 Minuten in einem solchen Spiel), es hat uns gefallen und wir haben uns vorgenommen, sie alle zu testen! Wir haben auch eine Liste dafür mit 10 Gründen, um zu den Fluchtspielen in Cluj zu gehen (Ich sage nur, wir mögen die Listen 😀).

21. Gehen Sie mit einer Gruppe von Kindern zum Lasertag

Wenn Sie nicht zu Kinderfesten eingeladen sind, wird auch die Gruppe von Freunden akzeptiert – es ist Zeit, sich auf Ihren Spaß einzulassen und das Spiel zu genießen! In Cluj können Sie Laser Tag World ausprobieren.

22. Verbringen Sie einen ganzen Tag im Central Park auf der Wiese

Also, bleiben Sie einfach. Nicht im Vorbeigehen, nicht in einer kurzen Pause. Ein ganzer Tag zum Entspannen im Park.

23. Interagiere mit den Tieren im Vivarium oder nimm dein Haustier mit

Vivarium ist eine lebende Ecke von Cluj mit etwa 57 Tierarten – Reptilien und Amphibien, Fische, Mikrosäugetiere und Vögel –, die Sie bewundern können. Mit einigen können Sie sogar interagieren. Wussten Sie auch, dass Vivariul freiwillig spezialisierte (tierärztliche) Hilfe für kranke oder verletzte Reptilien und Vögel anbietet? Wenn Sie kleine Haustiere haben und die Stadt verlassen (zum Beispiel in den Ferien), können diese vorübergehend im UBB Vivarium untergebracht werden.

24. Fliegende Märkte

Wir, die Vertreter der heutigen Generationen, müssen etwas tun, um durch die Flugmärkte von Cluj zu gelangen und Produkte direkt von den Produzenten zu kaufen. Ich habe kürzlich Roşia Montană besucht und es wurde uns das einfachste traditionelle Essen serviert: Muffins mit Käse und Eiern. Wir haben keine Worte, um zu beschreiben, wie gut das Essen war. Es war nicht der erste Cheeseburger, den ich je gegessen habe, und die einzige Erklärung für das Delirium der Geschmacksknospen war, dass es sich um echte Lebensmittel handelte, sie waren gut. Nicht nur, dass Sie durch die Flugmärkte gehen, es wäre auch ideal, einen echten lokalen Produzenten aus den Dörfern von Cluj zu finden, von dem aus Sie sich versorgen können. Sie verbessern Ihre Lebensqualität und unterstützen gleichzeitig die landwirtschaftlichen und täglichen Aktivitäten.

Wo essen wir?

DER FLIEGENDE AFFE

Das Restaurant ist täglich von 9 bis 23 Uhr geöffnet. Die zwei Räume des Restaurants sind sehr schön mit vielen Gemälden dekoriert, die Kombination aus Holz und Backsteinwänden ist sehr ästhetisch. Die Holztische sind mit weißen Schwellen, mit Gläsern, Kerzendekoration, Ölbehältern, Salz, Pfeffer, Servietten und einer natürlichen Blume dekoriert.

An der Ziegelwand hängen Flaschen Cotnari-Wein in herbstlichem Arrangement mit Mini-Boston.

Wir hatten keine Reservierung noch waren wir elegant gekleidet, so dass Sie einfach kommen können. Wir wurden schnell von zwei Personen an den Tisch geführt, sie brachten uns die Speisekarte und

Getränke. Nach der Bestellung des Essens wurden wir sehr schnell platziert und erhielten ein Tablett (Block), auf dem die Geschichte des Restaurants und die Auswahl der Cotnari-Weine, die in diesem Restaurant serviert wurden, aufgedruckt waren. Auch in einer Ecke stand: "10 Regeln, die man in einem Restaurant befolgen muss".

Ich bemerkte an der Wand eine Tafel, auf der das Tagesmenü mit Kreide geschrieben war, das 6 Euro kostete und zwischen 12 und 16 Uhr serviert wurde.

Die gekochten Zubereitungen, die wir zu uns nahmen, waren besonders raffiniert und in einzigartigen Kombinationen erhältlich: Trüffel und Weinsauce, Entenfleisch mit Orangensauce, Entenbrust mit Grapefruitsauce usw.

Wir bestellten und verzehrten gerne die folgenden Zubereitungen: Ciabatta mit Thunfisch und Rucola (4 Euro), Lachs mit Preiselbeersauce und Rotkohlpüree (8 Euro), Hähnchenbrust mit Gorgonzola und Kartoffelpüree mit Safransauce (7 Euro).

Das Essen war gut, raffiniert, mit Keimen, speziellen Saucen, Blaubeeren, aber die Portionen waren etwas klein für uns.

Der Service war schnell, ich habe nach Tipps für die Menüvorbereitung gefragt und sie erhalten.

Der Zahlungsbeleg betrug 20 Euro, die beschriebenen Zubereitungen plus ein Bier Ursus Cooler 1,80 Euro.

Empfehlung

Das Weeping Monkey Restaurant bietet einen angenehmen Rahmen für eine Mahlzeit mit großartigem Essen. Wir wurden nicht müde, aber die Portionen waren etwas klein. Ich ging zur Nachbarstür und beendete das Essen mit einem besonderen "Un dulce".

Adresse

Das Restaurant befindet sich in der Emil-Isac-Straße Nr. 3, Cluj-Napoca.

RESTAURANT CETATUIA

In alten Zeiten standen am Hang des Hügels die ärmsten Häuser der Stadt, ein wahrer Slum. Das Belvedere Hotel wurde in den 1970er Jahren erbaut und war zu dieser Zeit modern. Jetzt ist es ein alter und hässlicher Kommunist, ohne jeglichen Charme oder Glanz, das Restaurant ist deprimierend, in alten Zeiten verankert, in der Rezeption und in der Lobby roch es nach Suppe. Dort hat uns der Fahrer verlassen, er hatte keine Ahnung von seinem Kopf.

Mein Glück war eine junge Frau, die vor diesem Hotel vorbeiging und mich zu dem wunderbaren Ort führte, den ich suchte, dem Restaurant des Panoramic Cetăţuie Guesthouse.

Die Pension verfügt über einen großen Parkplatz, eine Terrasse vor und eine hinter dem Restaurant, die längste Seite ist für das Panorama reserviert, die Wand ist aus Glas, die Vorhänge fehlen komplett, die Aussicht ist außergewöhnlich.

Die Terrasse hatte schmiedeeiserne Stühle und Tische, im Inneren sind die Tische rund, mit weißen und langen Ornamenten bekleidet und auf dem Boden mit Fliesen ausgelegt.

Ich bestellte eine Essiggurke und einen Whisky, ein Wasser und eine Pepsi, eine Gulet und ein personalisiertes Essen: Snack und Kartoffeln – Gerichte, die es auf der Speisekarte nicht gibt. Ein Gurkensalat begleitete das Fleisch, eine Portion Papanasi teilte ich auf: Ich zwei und er eine. :)

Palinca war super gut, der wahnsinnige Kropf. Ich aß auch Gurken, sie hatten einen süß-sauren Geschmack, sehr lecker. Das Papanasi war eine Poesie, die mich auch überholte, was ich für das flauschigste und leckerste Papanasi hielt :). Ich hätte das Rezept gestohlen, aber ich hatte keine Möglichkeit, die Leute dort eroberten mich mit diesen flauschigen Streuseln mit Sahne und Süße.

Zwei Espresso-Kaffees vervollständigten unsere Bestellung und wurden auf der hinteren Terrasse mit Blick auf die geschäftigen Lichter der Stadt getrunken.

Die Speisekarte war kartoniert, reich an teuren Gerichten, aber auch weltlicher, zu angemessenen Preisen.

Eine Platte mit feinem Käse und Früchten kostet 10 Euro, Gänseleber mit kandierten Früchten 25 Euro, eine Bauchbrühe 5 Euro, Gulasch 5 Euro, ein Mangrovenhals 7 Euro, ein Mousse-Dressing 8 Euro. Das Letzte sah aus wie eine Weinsauce, die zum Preis von 4 Euro serviert wurde.

Die Spezialitäten des Küchenchefs hatten gute Namen: Rindfleisch mit zweifarbiger Kruste, Black Tiger Shrimps mit Panoramic Chips und Salsa, 100 g fürr nur 17 Euro oder 15 Euro.

Die Entenbrust mit Spargel und Baldrian kostet nur 17 Euro.

Wi-Fi weiß nicht, ich habe vergessen zu überprüfen.

Die Toiletten waren sauber, modern und es gab Verbrauchsmaterialien.

Das Personal war sehr freundlich, kontaktfreudig und lächelte. Ich habe insgesamt 35 Euro bezahlt.

Denken Sie an die Adresse: Şerpuitoare Straße Nr. 1. Ich empfehle es mit offenem Herzen, es ist ein spektakulärer Ort für die Geschichte, für Liebhaber von gutem Geschmacks und Qualität.

MARTY EATER

Der schnelle Abstieg über der Stadt in den Herbsttagen führte uns durch das Zentrum von Cluj. Die Kirche umgehen "Sf. Mihail " wachten wir an der Seite auf, die mehrere öffentliche Lebensmitteleinheiten beherbergt. Der starke Wind und die kühle Luft trieben uns dazu, Marty Eatery am Unirii Square No. 14. zu besuchen. Ich erfuhr später, dass es in Cluj ein Netzwerk von Marty-Restaurants gibt, ein Unternehmen mit fast 20 Jahren Erfahrung, dessen Hauptsitz im Zentrum der Stadt Cluj im Frühjahr 2018 eröffnet wurde (als Marty in Bukarest eröffnete).

Es scheint, dass eine Restaurantmarke, die durch die Eröffnung weiterer Räumlichkeiten expandiert, qualitativ hochwertige Dienstleistungen bietet, die von den Kunden sehr geschätzt werden. Tatsächlich finden wir auf der ersten Seite des Menüs das "Versprechen" des Marty-Restaurants - wunderschöne Schöpfer der Gastfreundschaft: ein unvergessliches Erlebnis an Marty-Standorten. Ich persönlich mochte die Erfahrung und ich denke, sie haben ihr Wort gehalten.

Die Räumlichkeiten in Piata Unirii sind nicht sehr groß, sie nehmen einen kleinen Platz vor den Häusern ein - die Vitrine weist eine Holztreppe auf, an der verschiedene Küchenutensilien und Baumwolltücher aufgehängt sind; eine Firma mit Neonbuchstaben und eine Leuchttafel mit Menüempfehlungen vervollständigen die Fassade. Das Innere des Restaurants ist modern, aber auch warm und umweltfreundlich. Das Restaurant erstreckt sich über die gesamte Länge und respektiert die Gebäudekonfiguration: Bögen, Konsolen, Treppen. Die Decke ist mit einem Gitter geschmückt, an dem viele Pfannen und Töpfe in einer Kombination aus Schwarz und Kupfer aufgehängt sind. Die rechte Wand ist mit

Regalen bedeckt, die von Töpfen mit grünen Pflanzen gesäumt sind. Links und rechts sind 4 Tische für 3-4 Personen und in der Mitte drei Tische für 2 Personen (insgesamt ca. 40 Plätze). Die Möbel sind süß, eine Kombination aus Polstersesseln, Minifolios und Ledersitzen. Die linke Wand ist mit riesigen Spiegeln "verkleidet", die ein Fenstermuster imitieren. Die Wandleuchten beleuchten die Beistelltische dezent. Nach ein paar Schritten erreichen Sie die Bar des Betriebsgeländes und danach.

Wir ließen uns auf den Hockern links neben dem Raum nieder und erhielten wenige Zehntelsekunden nach dem Ablegen die Speisekarten. Die Speisenlisten sind einfach, aber gleichzeitig elegant – sie werden hier als handschriftliche Schrift in roter Farbe verwendet und sind sogar "fahrlässig" mit den empfohlenen Zubereitungen eingekreist. Die Eröffnung erfolgte mit einem Heineken Draft (0,4 ml - 8 lei), einem Erfrischungsgetränk (250 ml - 8 lei), einer Espressomilch (150 ml - 8,5 lei) und einem Kurkuma-Latte (300 ml - 14,50 lei). Heiße Getränke kamen in einer schönen Präsentation.

Ich bestellte als Hauptgerichte: Spaghetti Carbonara Parmesan (26 Lei), Nussigen Caesar

Hühnersalat (27 Lei) und Ouatro Stagioni Pizza (27 Lei). Auf dem Tisch stehen bereits Teller für Geschirr, Gewürze und Salzbehälter sowie je eine Flasche Öl und Essig. Die Vorbereitungen kamen schnell an, in ungefähr 15-18 Minuten, heiß (wo angebracht). Die Portionen waren groß genug, salzig und schmeckten sehr gut.

Da die Bedingungen gut geklärt und die Diskussionen endlos waren, entschieden wir uns für ein Dessert: Original-Käsekuchen mit Beeren, Käsekuchen-Karamell und Erdnüssen (17-Lei-Portion). Beide Arten waren köstlich, ich habe sie mit Vergnügen genossen.

Eine große 10 für das Verhalten der Kellner – das junge Mädchen, das uns bediente, war freundlich, lächelte, ging mehrmals an unserem Tisch vorbei und fragte uns, ob das Geschirr gut sei und ob wir etwas mehr wollen. Die Interaktion war warm, normal, wie es in allen Restaurants sein sollte. Die Zahlung kann sowohl in bar als auch mit Kreditkarte erfolgen.

Ich empfehle diesen Ort den Besuchern im Zentrum von Cluj, zum Zeitpunkt unseres Besuchs war alles in Ordnung, wir fühlten uns gut in den zwei

Stunden, in denen wir im Restaurant waren, die Gerichte waren lecker, die Preise stimmen.

Wo trinken und tanzen wir?

BARS UND PUBS IN KLAUSENBURG

Bars und Pubs Cluj – Die meisten Bars und Pubs befinden sich im Stadtzentrum. Viele von ihnen überraschen durch die Originalität des Designs, die freundliche Atmosphäre und die einzigartigen Veranstaltungen. Die Atmosphäre an diesen Orten wird Sie nie langweilen! Lassen Sie den Alltag hinter sich und entdecken Sie den Charme eines echten Pubs in Klausenburg! Musik ist ein wesentlicher Bestandteil bei der Auswahl eines Veranstaltungsortes: ob Sie mit Freunden zu Mittag essen oder einen Kaffee trinken, ob Sie ein Match sehen oder ein Konzert in Cluj besuchen möchten. Hier finden Sie die besten Bars und Pubs in Klausenburg!

Charlie Pub Klausenburg – die wundervolle Geschichte neuer Zeiten. Ein guter Film ist immer ein Vergnügen. Ein Charlie Chaplin Film ist immer eine Freude.

Basierend auf der berühmten russischen Beluga-Vinaigrette, einem Getränk aus der Premium-Reihe, werden alle Cocktails nach dem Originalrezept ...

Bei Stories by / FORM geht es nur um Freunde und Geschichten, wie man sich so einfach und entspannt wie möglich in die böhmische Landschaft von Cluj einfügt.

Wonder Bistro & Bar befindet sich in einem Land wie die Märchenwelt, wie der Name schon sagt. Um dies zu erreichen ...

BAUM Games Cluj ist eines der wichtigsten Glücksspielunternehmen in Rumänien. Geboren seit dem Jahr ...

TEE UND KAFFEEHÄUSER
KLAUSENBURG

Sie werden feststellen, wie viele Kaffees es in Klausenburg gibt! In angenehmer und freundlicher Atmosphäre können Sie sich jederzeit bei Tee, Kaffee oder heißer Schokolade entspannen. Wir präsentieren die gefragtesten Tees und Cafés in Klausenburg, die Lösung für den hektischen und geschäftigen Morgen, an dem Sie keine Zeit haben, Ihren Kaffee zu Hause zuzubereiten. Oftmals geben Sie dieses Ritual wahrscheinlich nur bei dem Gedanken an den intensiven Verkehr auf, der Ihre kostbare Zeit verschwendet. Aus diesem Grund möchten wir Sie gerne zu den besten Orten in Klausenburg führen.

Das Café Bulgakov erwartet Sie mit offenen Türen und hochwertigen Dienstleistungen, unabhängig vom Anlass. Das Lächeln unserer Kunden ist unsere Belohnung!

Wonder Bistro & Bar befindet sich in einem Land wie die Märchenwelt, wie der Name schon sagt. Um dieses wundervolle Land zu erreichen ...

Wir freuen uns, Ihnen Fresh Corner vorzustellen, ein neues Konzept der Geschäfte an den MOL-Tankstellen, jetzt in unserer Station auf Calea

Dorobanților.

Ob Sie es glauben oder nicht, wir servieren sogar Kaffee zum Mitnehmen auf dem Fahrrad und sind die ersten, die es in Klausenburg schaffen. Außerdem müssen Sie nicht ... Captain Beam

Wie beginnen Sie Ihren Tag? Manchmal, am schläfrigen Morgen, ist ein köstlicher Kaffee mit einem frischen Croissant alles, was wir brauchen für ... Phils Coffe Shop

Aromatisierter Kaffee in den frühen Morgenstunden, nur gute Drinks am Abend und eine gemütliche Atmosphäre, die Ihnen sofort ein Wohlbefinden verleiht.

Teekanne und Laden, spezialisiert auf den Verkauf von Qualitäts-Tees. Wir sind der erste Demmers Teehaus Store, der in Rumänien eröffnet wurde.

LIVE BARS

Ich weiß nicht, wie Ihr Morgen war, aber einer von ihnen hat mit einem so schönen Stück Alarm geschlagen, dass ich dachte, ich wäre schon lange nicht mehr auf einem Konzert gewesen. Plötzlich vermisste ich die Erfahrung von Live-Musik, bei der nach den ersten Gitarrenakkorden der Klang durch Ihre Adern fließt, wo sich Ihr Lieblingschor tausendmal besser anfühlt, wenn Sie ihn gemeinsam mit Ihren Freunden spielen, und die Intensität des Moments wird durch die Lautsprecher verstärkt, für die es keinen Ausdruck gibt: "Die Musik ist zu laut.".

Wenn Sie schon mit dem Gedanken an ein Konzert die Henne gemacht haben, dann haben Sie Recht, denn wir haben für Sie einige Orte vorbereitet, an denen es sich lohnt, Live-Musik zu hören.

Im euphorischen Zustand während eines Konzerts endet man nicht nur mit guter Musik. Ich sage, Sie brauchen auch einen geräumigen Raum, in dem Sie tanzen können, als ob niemand zuschaut, gute Getränke und ein paar Tische, um sich bis zu Ihrem nächsten Lieblingslied auszuruhen. Und wenn Sie all dies in einem Club finden, der auch als

Euphoria Music Hall bezeichnet wird, ist gute Laune garantiert. Sie können sich bei Donnerstags- und Freitagskonzerten überzeugen.

Das Shelter ist, wie der Name schon sagt, der perfekte Ort für ein buchartiges Konzert. Mit einem Hauch von verlassenem Raum ziehen Sie tagsüber an ihm vorbei, ohne sich vorzustellen, dass die Nacht ihre Türen öffnet, sodass Hunderte von Cluj-Leuten Zuflucht in musikalischen Rhythmen finden.

Sie hätten nicht gedacht, dass ein Club, der im Erdgeschoss eines Stadions gegründet wurde, minimalistisches Design mit auditorischen und visuellen Elementen so gut kombinieren kann, bis Sie zu einem Konzert in Form Space gehen.

Wenn ich bis jetzt über Orte gesprochen habe, an denen Sie Ihre Turnschuhe von so viel Tanzen und Geschrei befreien können, während Sie Ihre Lungen bei Ihrem Lieblingslied belassen, lassen Sie mich Ihnen drei intimere Orte nennen, an denen Sie Live-Musik in der Gesellschaft genießen können.Wie sehr mag ich Musik! Aber wissen Sie, was ich sonst noch mag? Das Essen, so erscheint in meiner Liste der Empfehlungen auch Livada-Restaurant with Garden. Sie sagen, dass denen, die essen, gute Dinge passieren. Wenn Sie also jeden Freitag die Schwelle für ein Abendessen oder ein Glas Wein überschreiten, genießen Sie gleichzeitig ein Live-Blues- oder Jazzkonzert. Diesen Freitag haben sie Schutzabende und falls dies nicht genug ist, habe ich gehört, dass sie ein köstliches Dessert haben.Wer hat nicht mindestens einmal gesagt, dass er gerne wiedergeboren werden würde? Nun, für alles gibt es eine Lösung. Wenn Sie also etwas aus der Luft des frühen 20. Jahrhunderts atmen möchten, dann ist Charlie die Kneipe, in der Sie das nächste Konzert genießen werden. Neben Whiskey ist Jazz ihre Spezialität und sie kümmern sich darum, dies 2-3 mal pro Woche mit Live-Events zu demonstrieren. Darüber hinaus ergänzen die markeneigenen Getränke, die Zutaten wie Cognac, Zimtsirup, Ananaspüree und Bitter kombinieren, perfekt die Atmosphäre von Schwarz-Weiß-Filmen. Sobald Sie die Schwelle betreten, werden Sie von der individuellen Einrichtung im Sisters Cafe beeindruckt sein. Es wurde hauptsächlich von Gemälden geschaffen, die auf originelle Weise an den Wänden der Räumlichkeiten gemalt und angeordnet wurden. Es harmoniert perfekt mit den

Jazzabenden oder -decken der Räumlichkeiten und verleiht dem Café eine künstlerische Note. Live-Musik von den besten Einheimischen geht zu einem Glas Wein, mit Namen wie nur den Schwestern, wie Young Liliacs oder Methamorfosis und wenn Sie Bier bevorzugen, können Sie ein Handwerk wie Black Hole oder Moon Phaza probieren.

Es ist klar, dass alles versucht werden muss, aber welches steht zuerst auf Ihrer Liste?

Cluj Clubs

Cluj Clubs – Das Nachtleben in Cluj ist lebendig, mit vielen Studentenclubs und Partys, neu oder raffiniert. An jedem Wochentag können Sie bis zum Morgen Musik hören und tanzen! Langeweile kommt nicht auf! Die Originalität, der Spaß, die gute Laune, die Musik, die Atmosphäre und natürlich die abwechslungsreichsten und interessantesten Cocktails werden auf der Website cluj.com präsentiert. Hier finden Sie die besten Plätze in Klausenburg, die Sie besuchen müssen.

Ernesto Club

Der älteste und berühmteste Retro-Club der Stadt wurde wiedereröffnet – der Ernesto Club steht an erster Stelle, an derselben zentralen Stelle, mit derselben Leidenschaft für gute Musik. Mit der gleichen Möglichkeit von Bui Bui.

After Eight Cocktail Club im Zentrum von Klausenburg in der Brassai Samuel Str., No. 12 ist die ideale Wahl für Menschen, die einen entspannten Abend voller Raffinesse und Eleganz verbringen möchten.

Der Club Midi ist der erste Club in Siebenbürgen, der sich ausschließlich der elektronischen Musik widmet und der einzige Club in Rumänien, der die Auszeichnung "Top 100 Clubs der Welt von Dj Mag" erhalten hat!

Wo schlafen wir?

Die Retro-Wohnung mit einem Design, das die Amerikaner der 1950er Jahre zusammenbringt. Das Apartment am Boulevard of Heroes im Zentrum der Stadt ist 62 m² groß und besteht aus einem geräumigen Schlafzimmer, einem Wohnzimmer, einem Esszimmer und einer offenen Küche. Es bietet Platz für bis zu drei Personen. Das Arrangement wurde auch von Dacian Morar signiert und wir mochten die Farbakzente, die die Kaffeetöne brechen, und die langen Beine der Möbelstücke, ein Zeichen der 1950er Jahre. Und die weißen Wände wirken wie eine Leinwand für die Kulisse des ganzen

Raumes.

LOL et LOLA – sagen Sie mir, was Ihre Leidenschaft ist, und ich sage Ihnen, welches Zimmer Sie buchen sollten!!

Gastronomie, Mode, Fotografie, Sport? Wissen Sie, was Ihre Augen zum Leuchten bringt? Lassen Sie sich von den Zimmern des Hotels LOL et LOLA in der Black Street inspirieren, die nur zehn Gehminuten vom Stadtzentrum entfernt liegt. Das Hotel wurde vom Morphoza Studio in Kluasenburg arrangiert und verfügt über 12 Doppel- oder Einzelzimmer mit unterschiedlichem Design.

Im Hotel Biscuit geht es darum, sich den Leidenschaften der Gäste anzupassen: Die Gestaltung der Zimmer und Apartments, die Sie hier finden, "geht" durch Städte, die exotischer sind oder von Ihren Leidenschaften inspiriert wurden - zum Beispiel möchten Sie vielleicht in einem Hotel übernachten noch ein Film? Dann lässt Sie das Kino-Apartment in Cluj glücklich leben.

Und ein Tipp: Das Hotel Biscuit befindet sich in der Pr` veliştii-Straße in der Nähe des Botanischen Gartens, wo Sie unbedingt den Turm besteigen müssen, um die Stadt von oben zu sehen und sich wie der

König der Welt zu fühlen.

Festivals

MUSIK- UND FILMFESTIVALS

Untold

10 coole Dinge über das Untold Festival, die Sie wissen müssen!

• Das Arsenal des Untold Festivals sind die alten rumänischen Geschichten, deren Charaktere die ganze Stadt erobern werden.

• Der Dreiköpfige Drache, Prâslea cel Voinic, Greuceanu oder Ileana Cosânzean sind nicht nur fantastische Charaktere, sondern können auch Freunde werden, mit denen Sie Spaß haben, Seite an Seite bei Konzerten und auf Partys.

• Die Stadt Cluj-Napoca wird in verzauberte Gebiete aufgeteilt, die jeweils von einem Helden bevormundet werden: Flussgebiet, Zone der Berge, Zitadelle-

Bereich, Zone des Waldes, der Poolbereich. Überprüfen Sie die Karte und Sie können ein Charakter in unserer Geschichte werden, die jetzt geschrieben ist!

• Die Großeltern werden zum ersten Mal in Rumänien auftreten.

• Doppelschlag: Avicii und David Guetta werden zum ersten Mal in Rumänien dieselbe Szene besteigen.

• Untold Festival bringt über 150 Künstler.

• Ihnen werden über 80 Stunden Musik geboten.

• Sie haben Camping mit bewachten Parkplätzen und dutzend andere Unterkunftsmöglichkeiten. Folgen Sie Untold Festival auf Facebook!

• Das Angebot für Vorverkaufsabonnements ist bis zum 8. April gültig.

• Etwa 25.000 Abonnements wurden bereits verkauft!

Das Transilvania International Film Festival (TIFF) ist das erste internationale Spielfilmfestival in Rumänien, das jährlich in Cluj-Napoca stattfindet. TIFF wurde 2002 von der Vereinigung zur Förderung des rumänischen Films gegründet und hat sich von Jahr zu Jahr zum wichtigsten Filmereignis

Rumäniens entwickelt. Im Februar 2011 wurde TIFF von der internationalen Vereinigung der Filmproduzenten (FIAPF) akkreditiert. Auf diese Weise ist TIFF zu einem ausgewählten Unternehmen geworden, das aus 50 anderen Wettbewerbsfestivals auf der ganzen Welt besteht.

Die Ausgabe 2004 feierte eine Premiere mit Vorführungen im Freien im Innenhof der Babeş-Bolyai-Universität. Eine weitere Premiere fand 2007 statt, als das Festival in zwei Städten stattfand, Cluj-Napoca und Sibiu, um das Jahr zu ehren, in dem Sibiu Kulturhauptstadt Europas war.

Electric Castle ist ein Musikfestival in Rumänien, das jedes Jahr auf der Burg Bánffy in der Gemeinde Bonţida im Kreis Cluj stattfindet. Das Festival kombiniert verschiedene Musikbereiche wie Rock, Reggae, Hip Hop, Trap, elektronische oder Indiemusik mit Technologie, alternativer Kunst, Street Art und Kultur im Lineup.

Die Nummer sieben brachte dem Festival den Preis für das beste mittelgroße Festival bei den European Festival Awards ein, eine Kategorie, in der Electric Castle jedes Jahr nominiert wurde. In früheren Ausgaben hatte das Festival auf der Bühne

Namen wie Florence + die Maschine, dreißig Sekunden zum Mars, Das Wunderkind, krillex, Deadmau5, Alt-J, Franz Ferdinand, Bring Me the Horizon, Fatboy Slim, Sigur Ros, Bastille, Rudimental, Thievery Corporation, Die Antwoord, Jessie J, Limp Bizkit und viele andere.

Transportmittel

Internationaler Flughafen "Avram Iancu", Cluj-Napoca

Touristen, die in die Stadt Klausenburg reisen, haben das Privileg, die Anwesenheit eines Flughafens zu genießen, der nationale und internationale Flüge anbietet. Der internationale Flughafen "Avram Iancu" wurde am 1. April 1932 gegründet. Zu dieser Zeit war der Zugang zu dem Ort, an dem die Operationen stattfanden (auf dem Militärflughafen Someşeni), sehr schwierig. Gegenwärtig hat sich die Situation jedoch erheblich geändert. Der Flughafen in Klausenburg (mit dem Code

CLJ) befindet sich in der Traian-Vuia-Straße Nr. 149-151 und bietet Touristen vier Reisemöglichkeiten.

Waren die Optionen wie Bus oder Taxi bis vor kurzem die Favoriten der Touristen, so haben sie heutzutage die Freiheit, das Modell des Autos zu wählen, mit dem sie die Wohneinheit über die Mietwagenfirmen in der Stadt erreichen möchten. Darüber hinaus können sie sich auf Kosten des Taxis für Uber entscheiden, so dass der Transport nach persönlichen Wünschen erfolgt.

Unser Standort

Unser Standort befindet sich im Stadtteil Borhanci. Die Straße, auf der wir uns befinden, heißt Nordstraße, ohne die richtige Nummer, aber mithilfe einer Karte oder eines GPS sehr einfach zu finden.

Wie kommt man zum Busbahnhof?

In unmittelbarer Nähe (200 m – 3-4 Gehminuten) befindet sich die Bushaltestelle. Hier wählen Sie die Buslinie 8 für 0,50 Euro.

Station "Airport" (12 Stationen - ca. 27 Minuten) Abfahrt zur Station "PMV 2 Sos". Nach dem Abstieg gehen Sie eine Minute bis zur nächsten Station, die "Mihai Viteazu III Square" heißt. Von dort fahren Sie mit dem Bus Nr. 32B für 10 Minuten (5 Stationen) bis zur Station "Alverna West" – ebenfalls kostenpflichtig mit 0,50 Euro. Tickets kosten 1 Euro und können für 2 Fahrten genutzt werden. Nach dieser Busfahrt gehen Sie zu Fuß etwa 33 Minuten und legen 2,3 Kilometer zurück, um das Ziel – das La Villa Hill Resort – zu erreichen.

Wenn Sie mit dem Bus anreisen, müssen Sie bereit sein, die Entfernung in etwa einer Stunde und 20 Minuten zurückzulegen und auch einen 30-minütigen Spaziergang zu unternehmen. Diese Option ist ideal für diejenigen, die leichtes Gepäck tragen und Geld sparen möchten.

Anreise mit dem Auto

Wenn Sie sich entscheiden, ein Auto in Form eines Mietwagens zu mieten, empfehlen wir die Wahl der Route DN1C / E576 zum Nachteil des Gürtels Apahida-Vâlcele / DN1N, da dies weniger Zeit in Anspruch nimmt und der Verkehr nicht so überlastet ist. Die Strecke ist 11,4 km lang, verglichen mit den zweiten 19,2 km.

Fahren Sie am Ausgang des Flughafens weiter geradeaus und biegen Sie links in die Traian Vuia Straße ab. Die nächste Abzweigung ist rechts in die

Traian Vuia Street. Danach biegen Sie rechts in die DC142D ab, fahren 1 km und verlassen den Kreisverkehr an der ersten Ausfahrt auf der Straße.

Slănic Gasse. Fahren Sie geradeaus und biegen Sie rechts in die Ionescu-Straße ein. Biegen Sie dann links in die Septimiu Albini-Straße ab. Folgen Sie der DJ103G-Route in der Romul Ladea-Straße, biegen Sie links in die Constantin Brâncuşi-Straße und dann wieder links in die Borhanciului-Straße ab. Biegen Sie rechts in die Romul Ladea Street ab und dann rechts in die Nord Street. Nach dem Linksabbiegen erreichen Sie das Ziel nach 69 m.

Diese Option ist ideal für diejenigen, die Zeit sparen möchten, da die Entfernung zwischen dem Flughafen und unserem Standort ca. 25-30 Minuten beträgt.

Anreise mit dem Taxi / Uber

Zwei der einfachsten Wege, um diese Strecke zurückzulegen, sind Taxi oder Uber. Am Ausgang des Flughafens stehen Ihnen zahlreiche Taxis zur Verfügung. Die Fahrtkosten mit diesem Transportmittel hängen von der vom Fahrer gewählten Route ab (zwischen den beiden oben genannten). Die durchschnittliche Fahrzeit beträgt ebenfalls ca. 30

Minuten und die Kosten pro Kilometer betragen ca. 0,50 € / km am Tag und 0,75 Euro bei Nacht.

Die zweite verfügbare Option ist die Wahl eines Ubers. Wenn Sie die Anwendung nicht auf Ihrem Handy haben, können Sie sie kostenlos für IOS und Android herunterladen. Bevor Sie den Fahrer auswählen, mit dem Sie reisen möchten, können Sie sich für ein Auto mit oder ohne Kindersitz entscheiden. Die geschätzten Kosten für die Fahrt können Sie vorher abrufen. Dies ist einer der Hauptvorteile bei Reisen mit Uber, und der zweite betrifft die Zahlung per Bankkarte (es ist ratsam, dieses Transportmittel zu wählen, wenn Sie kein Bargeld haben).

Daher kann die Entfernung zwischen dem internationalen Flughafen "Avram Iancu" und unserem Standort mit einem Auto mit Kindersitz (uber-CHILDSEAT) mit geschätzten Kosten zwischen 49 und 63 Lei und einem einfachen (uberX) gegen die Kosten dieses Werts zurückgelegt werden liegt im Bereich von 59-78.

STRASSEN VON NATIONALEM UND EUROPÄISCHEM INTERESSE

Cluj-Napoca wird von der Europastraße E 60 (Bukarest-Oradea-Budapest-Wien) gekreuzt.

Von Oradea auf der E60 sind es 154 km.

Von Bukarest aus haben Sie zwei Varianten:

Bukarest - Râmnicu Vâlcea - Sibiu - Alba-Iulia - Cluj-Napoca, an der E81,

Bukarest - Kronstadt - Tg. Mureş - Turda - Cluj-Napoca auf der E60 / E81

Von Timisoara haben Sie 2 Varianten:

Timisoara - Oradea - Cluj-Napoca, auf der E671 / E60 - 321 km

Timisoara - Deva - Alba-Iulia - Turda - Cluj-Napoca auf der E70 / E68 / E60 - 340 km

EISENBAHN

Die Gemeinde verfügt über direkte Bahnverbindungen zu allen Hauptstädten Rumäniens, die vom nationalen Schienenpersonenverkehrsunternehmen CFR unterhalten werden. Es gibt auch zwei internationale Züge auf der Strecke Cluj-Napoca-Budapest (Corona und Ady Endre). Der Hauptbahnhof bietet über die Intercity- und Blue Arrow-Linien Zugverbindungen nach Bukarest und in viele andere rumänische Städte.

Andere Punkte

Cluj-Napoca ist eine Stadt, in der die Kultur blüht und der Städtereisetourismus wächst. Wenn Sie eine Städtereise nach Cluj planen, sollten Sie wissen, dass es ein paar Dinge zu beachten gibt, wenn Sie in die Schatzstadt reisen. Wir laden Sie ein, sie im Folgenden zu entdecken und herauszufinden, warum es wichtig ist, diese Aspekte zu berücksichtigen.

Auswahl der Wohneinheit

Einer der wichtigsten Aspekte, die bei einer Städtereise berücksichtigt werden müssen, ist die Unterbringung. In Cluj soll es so zentrumsnah wie möglich sein, damit Sie alle wichtigen Sehenswürdigkeiten genießen können. Suchen Sie nach einer 3-Sterne-Unterkunft in Cluj, so oft Sie möchten und in einem zentralen Bereich, um sicherzustellen, dass Sie keine kostbare Zeit auf dem Weg zwischen der Unterkunft und den besuchten Zielen verschwenden.

Budget aufstellen

Es ist gut, vor Reiseantritt ein Budget festzulegen. Tatsächlich werden zwei Budgets festgelegt: ein Minimum und ein Maximum. Mit dem Mindestbudget können Sie Ihre Reise bequem genießen, während Sie mit dem Höchstbudget nicht mehr ausgeben können, als Sie zulassen oder möchten. Darüber hinaus besteht die Möglichkeit, dass es unvorhergesehene Ausgaben gibt, die mit einem Mindestbudget nicht abgedeckt werden können, mit einem zusätzlichen Budget jedoch. Wenn Sie nach Cluj kommen, denken Sie daran, dass es eine der teuersten Städte Rumäniens ist. Legen Sie das Budget entsprechend dieses Aspektes fest.

Die Wahl des Zeitraums

Wenn Sie ein Sommerwochenende in Cluj auf See verbringen möchten, ist die beste Reisezeit die Zwischensaison. Wir empfehlen Ihnen daher, im Herbst oder Frühling nach Cluj-Napoca zu kommen, wenn die Stadt einen interessanten Reiz erhält, oder im Winter, wenn der erste Schnee gefallen ist. Damit die Erfahrung die richtige ist, ist es am besten, das Ziel der Städtereise abhängig von der Zeit zu wählen, zu der Sie reisen möchten.

Personalisieren Sie Ihren Besuch

Entscheiden Sie sich für die Sehenswürdigkeiten, die Sie interessieren, und besuchen Sie nichts, nur weil alle dorthin gehen. Ein konkretes Beispiel in dieser Hinsicht ist das Pharmaziemuseum, ein sehr interessantes touristisches Ziel. Wenn Sie jedoch keine Leidenschaft für Geschichte haben und beispielsweise für die Gastronomie in Cluj leben, werden Sie mit dem, was es Ihnen bietet, nicht zufrieden sein.

Cluj hat für jeden Touristen, der es besucht, etwas zu bieten. Sie müssen nur darauf achten, die wichtigsten Aspekte für Sie zu berücksichtigen, wenn Sie hier ankommen.

Drei Tage in Klausenburg

Manchmal fällt es uns schwer, zu entscheiden, mit was wir am besten beginnen sollten. Als ich die Herbstreisen und Reisen plante, stellte ich fest, dass die Organisation und die Route auf eine bestimmte Weise durchgeführt werden mussten; Es reicht nicht aus, nur die Karte zu verbreiten, ein paar Punkte zu zeichnen und von Punkt A zu Punkt B zu gelangen. Sie riskieren, genau das zu verlieren, was am interessantesten ist. Wir dachten, dass die Route der Reisen in umgekehrter Reihenfolge erfolgen sollte: Sie legen fest, was Sie wissen möchten, dann "planen" Sie den Plan, definieren die Haltestellen und alle anderen wichtigen Details für einen Reisenden, der gut unterwegs ist, aber wenn er ein Bett zum Schlafen braucht, ein gutes Essen und einen guten Kaffee. Bei einem Spaziergang durch Klausenburg hatten wir oft das Gefühl, Touristen zu sein. Wir entdecken immer neue Dinge, Orte, die wir bisher nicht bemerkt haben, Gebäude, die sich majestätisch in "neuen Kleidern" erheben und prächtig sind. Klausenburg verwandelt sich von einer Jahreszeit in eine andere. Wir werden von seinem dynamischen Geist erobert, von den erstaunlichen Kombinationen zwischen Altem und Neuem, von seiner Fähigkeit, sich schön und organisch zu entwickeln und die Konzepte einer intelligenten Stadt mit den Kanonen von Klausenburg von Altem zu kombinieren.

Erster Tag – Eine Besichtigung des historischen Zentrums ... im gleichen Tempo.

Das Kennenlernen des Ortes, den Sie besuchen, ist die beredteste Empfehlung. Das zentrale Gebiet von Cluj bietet zahlreiche Anziehungspunkte für alle Kategorien von Stadtforschern. Für diejenigen, die einen schönen Ort suchen, ist das Zentrum von Cluj der perfekte Ort. Hier finden Sie die höchste Dichte an Terrassen, Restaurants und Cafés für jeden Geschmack, Bedarf und Geldbeutel. Wenn Sie sich mit der Architektur und Geschichte von Cluj vertraut machen möchten, ist das historische Zentrum der perfekte Vorschlag. Atemberaubend und wunderschön, Paläste sind immer bereit, sie zu bewundern.

Gebäude mit eklektrischer Architektur, faszinierenden Innenräumen, verborgenen Innenhöfen und koketten Innenhöfen – all dies bietet sich an, wenn Sie die zeitlose Bohème von Cluj kennenlernen möchten. Straßenkünstler werden Sie mit guter Musik begeistern, Buchhandlungen werden Sie leise auffordern, sich mit literarischen Neuheiten vertraut zu machen, Antiquitätenläden werden Ihre Neugier und Ihr Verlangen nach neuen Welten wecken, Schaufenster werden Ihnen vorschlagen, neue Angebote, Menschen und Gerüchte auf den Märkten zu entdecken. Der Museumsplatz, der Unirii-Platz, der Avram-Iancu-Platz und der Stefan-Cel-Mare-Platz – sie werden Ihnen die Vielfalt und Weltoffenheit von Cluj vorstellen. Ein Schritt für Schritt obligatorischer Rundgang durch das historische

Zentrum auf der Überholspur ist eine Aktivität, die keine hohen Kosten verursacht, lehrreich und interaktiv ist.

Am nächsten Tag die Stadt erkunden ... sensorisch
Es wurde spekuliert, dass der Stadt Klausenburg Restaurants mit gutem Essen fehlen würden. Nun, hier sollte Klarstellung sein. Um zu wissen, ob das Essen gut ist oder nicht, sollten Sie in alle Restaurants, Bistros und Cafés der Stadt gehen, mehr Gerichte probieren, dasselbe in einer anderen Stadt tun und nur dann solch radikale Meinungen äußern. Zum Glück werden wir das nicht tun. Cluj ist eine unvergessliche Stadt in Bezug auf gutes Essen, großartigen Kaffee und Sinneserlebnisse. Mit diesen Dingen sind wir weder versucht, uns mit irgendjemandem zu vergleichen, noch zu behaupten, wir seien über allem.

Wenn Sie jedoch die Geschmäcker und Aromen der Stadt erkunden möchten, haben wir einige Empfehlungen.

Empfehlungen für Touristen:

• Dicker Bauch – die Rippen sind absolut lecker.

• Restaurant Sinaia - hier Someşul mit Meeresfrüchten hervorragend. Besonders morgens für einen Kaffee.

• Charlie – vielleicht einer der schönsten Orte in Kluasenburg.

• Bricks (M) Essplatz – von der einzigen Terrasse, die über Someş hängt, sieht Klausenburg aus wie ein schwimmendes Venedig.

• Aromen der 25. Innenstadt – hervorragende Beschichtung als Kunstwerk.

• Panorama-Cetăţuie – für diejenigen, die noch nicht versucht haben, einen Wein in der Höhe zu genießen.

• Restaurant Roata Făget – traditionell, in der Nähe des Waldes Făget, lecker!

• Pizza Workshop - Es ist eine Freude, Pizza aus dem Kamin zu essen, die in einem Holzofen hergestellt wurde.

• Bulgakov – Bohème, immer voller Leute, mit super gutem Essen.

• Hugo Restaurant – Restaurant mit einem einzigartigen Konzept in der Stadt.

- Gandhi – eine Initiativ-Reise in das indische Restaurant Babos Palace.

Dritter Tag – Etwas, das Sie nirgendwo anders finden können

Der dritte Tag in Klausenburg ist für die Dinge reserviert, die Sie anderswo nicht finden werden. Wenn Sie glauben, dass Sie in zwei Tagen so gut wie alles entdeckt haben, was die Stadt Ihnen bieten kann, gibt es immer noch ein paar wichtige Punkte, die Klausenburg einzigartig machen.

Empfehlungen für Einheimische und Touristen:

Es lohnt sich, den Micro Macro Cosmic Man in H33 in der Horea Straße zu besuchen, die als größte Wandmalerei Rumäniens gilt.

Es lohnt sich, die Gebäude in der Iuliu Maniu Straße, auch "Spiegelstraße" genannt, zu bewundern, die auch die "kühlste" Straße in Cluj ist.

Es lohnt sich, rechtzeitig einzudringen und die vier Sonnenuhren in Cluj zu bewundern. »Eine andere Möglichkeit, die Zeit in der Stadt zu messen: Wie viele Sonnenuhren gibt es in Cluj?

Es lohnt sich, das Panorama von Klausenburg auf der Straße Uliului zu betrachten, von wo aus sich einer der schönsten Ausblicke über die Stadt bietet.

Es lohnt sich, in das Viertel Iris zu fahren, um das Valea Fânatelor zu bewundern, ein floristisches Reservat, in dem Sie einen Teppich aus Steppenvegetation sehen können, der für die Region Asiens und die Region des äußersten Osteuropas typisch ist.

Es lohnt sich, auf dem Zentralfriedhof spazieren zu gehen, der nicht nur für seine malerischen Bilder und die beeindruckende Bestattungsarchitektur berühmt ist, sondern auch für die Anzahl herausragender Persönlichkeiten, die hier für immer ihren Platz gefunden haben.

Nützliche Links

RESTAURANTS

http://www.bricksrestaurant.ro/

http://restaurant-roata.ro/

http://www.la-cina.ro/

https://casaboema.com/

http://www.dananca.ro/restaurant-cluj/

https://www.baracca.ro/

http://www.siretbistro.ro/

https://www.restaurantlivada.ro/

https://restaurantrod.ro/

https://www.restaurant-aroma.ro/

NON-STOP-BARS

https://coyotepub.business.site/

https://booha.ro/

https://m.facebook.com/Corner.Biliard.Snooker/

https://carovintageclub.ro/

http://opeters-pub.ro/

WETTER

http://weather.com

RATHAUS

http://www.primariaclujnapoca.ro/

SPRACHENZENTRUM

http://www.alpha.ubbcluj.ro/romana.html

NOTDIENST

http://www.scju-cluj.ro/Pages/default.aspx

POLIZEI

https://cj.politiaromana.ro/

TRANSPORTMITTEL

Brent.ro

Brent ist ein lokales Unternehmen, das perfekte Dienstleistungen für Ferien und Gruppenreisen

anbietet und sowohl Lieferwagen als auch Klein-
busse sowie verschiedenes Zubehör für diese ver-
mietet.

UNTERKUNFT

https://hotelguru.ro/cluj?search=Cluj(cluj%3B1)

Packliste

Geld & Finanzen

O (evtl.) Auslandswährung

O Bargeld

O Bauchtasche

O Brustbeutel

O Bauchtasche

O EC-Karte

O Kreditkarte

O Notfall-Telefonnummern der Banken

O Portmonee

Hygiene

O Haarbürste / Kamm

O Deo (klein)

O Shampoo

O Kulturtasche

O Sonnencreme

O Taschentücher

O Reise-Zahnbürste und Zahnpasta
O Verhütungsmittel

Kleidung

O Badeklamotten
O Gürtel
O Hosen kurz / lang
O Mütze / Cap / Hut
O Pullover
O Regenjacke
O Schlafanzug
O Socken
O Sonnenbrille
O Sportklamotten / Jogginghose
O T-Shirts
O Unterwäsche

Medikamente

O Blasenpflaster
O Anti-Durchfalltabletten
O Erste-Hilfe-Set

O Fiebertabletten

O Fiebertabletten

O Mückenschutz

O sonstige Medikamente

O Pflaster

O Kopfschmerztabletten

Unterlagen & Papiere

O ADAC Unterlagen

O Adresslisten für Postkarten

O Krankversicherungsnachweis

O Stadtplan

O Führerschein

O Unterlagen für die Unterkunft

O Wasserdichte Hülle für Reiseunterlagen

O Impfausweis

O Mietwagenunterlagen

O Personalausweis

O Reisepass

O Reisetagebuch

O evtl. Studentenausweis

O evtl. Visum
O Zug- / Bahn- / Flugticket

Taschen & Rucksäcke

O Koffer / Trolley / Reisetasche
O Regenhülle für Rucksack
O Rucksack

Schuhe

O Badeschlappen / Hausschuhe
O Schuhe und Wechselschuhe

Sonstiges

O Brille / Kontaktlinsen und Etui
O Buch zum Lesen
O Ohrenstöpsel und Schlafmaske
O Regenschirm
O Reisedecke
O Wasserflasche
O Wörterbuch

Elektronik

O Digitalkamera
O Handy
O Ladekabel
O Kopfhörer
O evtl. Steckdosenadapter
O Power-Bank

Herstellung und Verlag:
BoD – Books on Demand, Norderstedt
ISBN: 9783750494893

1. Auflage
Kontakt: Psiana eCom UG/ Berumer Str. 44/ 26844 Jemgum
Covergestaltung: Fenna Larsson
Coverfoto: depositphotos.com